Digiuno Intermittente per Donne Over 50

Una Guida al Digiuno Intermittente e all'Aumento del Metabolismo e dei Livelli di Energia. Un'Alternativa Sana per Disintossicare il Corpo e Ringiovanire.

Bonus Digitale!

NINA HODGSON

Indice

Un regalo per te!!!

Ciao e grazie per aver acquistato il libro! Ho preparato un regalo per i lettori di:

"Digiuno Intermittente per Donne Over 50: Una Guida al Digiuno Intermittente e all'Aumento del Metabolismo e dei Livelli di Energia. Un'Alternativa Sana per Disintossicare il Corpo e Ringiovanire. Bonus Digitale!"

Scarica subito il
"Piano Settimanale di Digiuno Intermittente"

bit.ly/pianodigiuno

Una volta che hai finito di leggerlo, sarebbe fantastico se tu potessi lasciare una recensione e far conoscere questo libro anche ad altre persone.

Lascia una recensione 5 stelle:

★ ★ ★ ★ ★

Grazie anticipatamente e buon *Digiuno Intermittente*!

Introduzione

Da sempre i nutrizionisti consigliano di consumare pasti brevi e regolari durante il giorno e di non saltarli mai. Ora hanno cambiato idea! Sostengono un'alternativa alla pianificazione della dieta nota come digiuno intermittente, un piano alimentare che comporta brevi digiuni occasionali che vanno da 14 a 48 ore e può fornire significativi benefici per la salute.

In inglese per indicare il digiuno intermittente si utilizza l'acronimo *IF* (Intermittent Fasting) mentre in italiano ci limiteremo ad usare queste due lettere *D.I.* (Digiuno Intermittente).

Le diete alla moda abbondavano ed abbondano tutt'oggi. Le pillole dimagranti erano comuni negli anni '90. Inoltre se non avevi uno spremiagrumi quando avevi poco più di vent'anni, significava che non ti stava a cuore il tuo benessere. Ci sono state consigliate cialde di tè verde che avrebbero dovuto ridurre al minimo le dimensioni della pancia.

Il *D.I.* è un metodo di restrizione calorica che prevede degli intervalli di alimentazione e altri di digiuno. Le prime ricerche su questo modello alimentare sembrano essere abbastanza positive in termini di perdita di peso, in quanto questa dieta è simile alle altre diete convenzionali a restrizione calorica.

Ciascuno di noi deve trovare un programma di dieta che si adatta meglio a sé stesso e poi adottarlo e basta. Naturalmente, sono ancora necessarie molte ricerche per valutare i suoi effetti a lungo termine e per comprendere il vero ruolo del *D.I.* nella perdita di peso, ma è certo che il digiuno intermittente è un regime molto promettente per il trattamento dell'obesità.

Nonostante queste buone notizie, mentre per alcune persone il *D.I.* è salutare, per altre invece non lo è. Ad esempio, saltare i pasti per le donne in gravidanza o che stanno allattando potrebbe non essere il modo giusto per perdere peso. E' raccomandabile consultare il medico fino all'inizio del *D.I.* se si soffre di reflusso gastroesofageo, calcoli renali, diabete o altri problemi medici.

Questo piano alimentare è una tecnica di dimagrimento molto accessibile perché si concentra sugli orari dei pasti piuttosto che evitare alcuni ingredienti. Il *D.I.* è facile da seguire: ti basterà rispettare le ore di digiuno senza doverti preoccupare delle calorie che consumi.

Nina Hodson stessa ha combattuto contro il suo peso. Nonostante i suoi genitori lavorassero nel campo della salute e della nutrizione, lei ha cercato di seguire molte diete, ma con scarsi risultati. O non riusciva a mantenerle per lunghi periodi, oppure riprendeva peso subito dopo averle interrotte.
Fin da ragazza ha cominciato a voler approfondire l'argomento, fino a laurearsi in Master in Educazione Alimentare.
Nei suoi studi ha capito che ognuno di noi deve trovare la dieta adatta, sia in relazione a ciò che ci spinge a stare a dieta (perdita di

peso, voglia di mangiare più sano), sia in relazione ai nostri ritmi di vita quotidiani.

Sembrava non ci fosse nessuna dieta adatta a lei, finché non ha provato il *D.I.*: era perfetto! Non doveva contare le calorie, non doveva cucinare piatti e ingredienti particolari e poteva consumare anche i pasti fuori casa, che per una donna impegnata come lei era frequente.

Riducendo l'obesità, il *D.I.* può ridurre il rischio di avere disturbi cardiaci e diabete, non raro da trovare nelle donne della sua età. Inoltre Nina ha deciso di raccogliere alcune ricette sane per aiutare le donne a variare i pasti e ad alternare i cibi, non trascurando le esigenze dietetiche delle cinquantenni: assunzione di calcio e vitamina D. Ma dato che il *D.I.* può causare un esaurimento di minerali e vitamine durante il periodo di digiuno, bisogna bere molto e restare idratate.

Ora quindi, non ti resta che provare il *D.I.*, seguendo i semplici ma utili consigli di Nina Hodgson e sperimentando le ricette che ti propone.

Capitolo 1: Il digiuno intermittente e come funziona?

1.1 Cos'è il digiuno intermittente?

Il *D.I.* è una tecnica dietetica quotidiana che come suggerisce il nome stesso alterna digiuno e alimentazione.

Molti studi effettuati sull'argomento indicano che il digiuno prolungato è un ottimo modo per controllare il proprio peso ed evitare o addirittura curare un certo tipo di malattie. C'è anche da aggiungere che mentre la maggior parte delle diete si concentrano sulla limitazione del consumo di cibo, il *D.I.* si focalizza molto di più su ciò che si mangia.

Il digiuno per un certo numero di ore ogni giorno o il consumo di un solo pasto poche volte alla settimana può aiutare il corpo a metabolizzare le calorie e può fornire grandi benefici per la salute. Mark Mattson, neuro scienziato Ph.D. (Johns Hopkins), pratica il *D.I.* da 25 anni ed afferma che "i nostri corpi si sono evoluti per essere in grado di resistere per molte ore, giorni o addirittura settimane senza mangiare.

Prima che gli umani imparassero ad evolversi infatti, erano cacciatori-raccoglitori che si sono sviluppati per resistere e prosperare per lunghi periodi di tempo senza cibo. Cinquant'anni fa se ci pensi, era più semplice mantenere un peso più sano. Le persone smettevano di nutrirsi prima di andare a letto, non c'erano cellulari e gli spettacoli televisivi finivano alle 23:00. Le dimensioni delle porzioni erano molto più piccole e la maggior parte della gente lavorava e giocava all'aperto.

Oggi invece, TV, telefono e altre fonti di contenuti sono disponibili 24 ore su 24, sette giorni su sette. Restiamo alzati fino a tardi a guardare video, fare sport e parlare al telefono. Ci godiamo tutto il giorno e metà della notte stiamo sdraiati facendo spuntini in continuazione."

La perdita di peso è solo uno dei vantaggi del *D.I.* per un adulto normale sano (senza malattie). Recenti studi sugli animali e alcuni studi preliminari sull'uomo hanno mostrato una diminuzione del rischio di cancro o una diminuzione dei tassi di crescita del cancro dovuta sostanzialmente ai seguenti effetti del digiuno:

- diminuzione della produzione di glucosio nel sangue
- cellule staminali attivate per rigenerare il sistema immunitario
- apporto nutritivo equilibrato
- aumento della produzione di cellule che uccidono il tumore

1.2 La scienza dietro il *D.I.*?

Il *D.I.* può essere fatto in vari modi, tutti comunque dipendono dall'alternanza di periodi di alimentazione e di digiuno regolari. Ad esempio, potresti considerare di mangiare in una fascia oraria ben definita della giornata e di digiunare il resto, come mangiare dalle 10 di mattina fino alle 20 di sera, e dalle 20 alle 10 del mattino successivo digiunare. Potresti anche limitarti ad un pasto al giorno per otto ore, 2 volte a settimana. Non preoccuparti ora, vedrai che più avanti troverai il piano alimentare più adatto alle tue esigenze, ora però vediamo qual è il processo che attiva il *D.I.*.

Secondo Mattson, il corpo riduce le sue riserve di zucchero e inizia a bruciare i grassi durante le ore di digiuno, questo momento si chiama *switch metabolico*. "Per molti altri americani, che si nutrono durante le ore diurne, il *D.I.* corrisponde al piano dietetico quotidiano", afferma Mattson. "Se qualcuno mangia tre pasti al giorno, compresi spuntini e dessert non facendo nessuna attività fisica, è chiaro che sta assumendo più del suo fabbisogno".

Con il *D.I.* si ottengono benefici nel momento in cui il corpo assorbe tutte le calorie consumate durante il pasto precedente ed inizia a bruciare i grassi. Quando ci nutriamo, viene ingerita più energia nutritiva di quella immediatamente utilizzata. Questa energia in eccesso viene accantonata dal nostro corpo per un uso successivo, ed in questo ci viene in aiuto l'insulina che è il principale ormone associato all'immagazzinamento dell'energia alimentare.

Assunzione di Alimenti → Aumento dell'Insulina → Accumulo di Zucchero nel Fegato Produzione di Grasso nel Fegato

L'insulina aumenta man mano che ci nutriamo, aiutando a contenere l'energia extra in due forme diverse: glucosio e glicogeno. In unità di glucosio (zucchero) che possono essere collegate tra loro per formare il glicogeno, che viene poi immagazzinato nei muscoli o nel fegato. Tuttavia, la capacità di immagazzinamento dei carboidrati è molto ridotta e, se viene raggiunta, il glucosio in eccesso viene trasformato in grasso dal fegato. **_De-novo Lipogenesis_** è il nome dato a questo meccanismo (che significa semplicemente "fare nuovo grasso").

Tutto questo grasso appena prodotto viene trattenuto nel fegato, ma gran parte di esso viene trasportato in altre parti del corpo. Nonostante si tratti di un processo piuttosto complicato, non ci sono limiti al numero di grassi che possono essere prodotti. Quindi, due importanti meccanismi di trasformazione dell'energia alimentare in eccesso operano nel nostro corpo. Uno è prontamente disponibile ma con uno spazio di "archiviazione" minimo (glicogeno), mentre l'altro è più difficile da attivare ma ha uno spazio di immagazzinamento quasi illimitato (grasso corporeo).

Brucia Zucchero Immagazzinato   Diminuzione   Nessun Cibo
Brucia Grasso   ⬅   dell'Insulina   ⬅   "Digiuno"

Tutto questo processo funziona al contrario quando non ci nutriamo. I livelli di insulina diminuiscono, segnalando al corpo di iniziare a bruciare l'energia accumulata quando ci troviamo nel periodo di digiuno e non arriva energia sotto forma di cibo. Il glucosio nel sangue diminuisce perché il corpo deve ora prelevarlo dal deposito per bruciarlo e produrre energia. Il glicogeno è la fonte di energia più facilmente disponibile. Viene scomposto in molecole di glucosio per fornire nutrimento alle altre cellule del corpo. Il processo appena descritto fornirà energia sufficiente per alimentare la maggior parte dei bisogni del corpo per 24-36 ore. Dopo di che, il corpo dovrà attingere alle riserve di grasso (e quindi abbatterlo) per produrre energia.

Quindi noi e il corpo possiamo trovarci in due stati: lo stato di nutrimento e lo stato di digiuno. In altre parole, o stiamo accumulando scorte di cibo (aumentiamo le scorte ed ingrassiamo) o stiamo bruciando energia immagazzinata (diminuiamo le scorte e dimagriamo), ma se l'alimentazione e il digiuno sono bilanciati, non dovrebbe esserci alcun aumento di peso netto.

Se iniziamo a nutrirci nel momento in cui rotoliamo giù dal letto e non ci fermiamo fino a quando non andiamo a dormire, trascorriamo quasi tutto il nostro tempo in stato di alimentazione. Cominceremo quindi ad ingrassare perché non abbiamo dato al nostro corpo il tempo di bruciare i grassi alimentari immagazzinati.

Per ritrovare l'equilibrio o ridurre il peso, possiamo aumentare il tempo medio impiegato per bruciare energia alimentare.

Questo è il *D.I.*.

In effetti, il *D.I.* incoraggia il corpo a utilizzare il grasso in eccesso. E non ci sono controindicazioni. E' semplicemente il funzionamento del nostro corpo: o si trova nello stato di digiuno o nello stato di alimentazione. E' semplice!

Se mangi ogni tre ore, il tuo corpo utilizzerà continuamente le risorse alimentari in arrivo, non riuscendo mai a bruciare il tuo grasso corporeo, ma anzi accumulandolo per un periodo in cui c'è poco da mangiare. Ma ricorda se ciò accade stai trascurando l'equilibrio tra i due stati (nutrimento e digiuno) e trascurando gli stati in cui può ritrovarsi il tuo corpo, trascuri il *D.I.*.

1.3 Il digiuno intermittente può aiutare a perdere peso

Seguendo questo piano alimentare, inizi consumando meno calorie, il che si traduce in una riduzione dell'apporto calorico giornaliero complessivo. Questo drastico cambiamento nel tuo stile di vita provoca importanti mutamenti nel tuo corpo, che ti aiutano a perdere peso.

Durante il digiuno, il corpo tende a utilizzare il grasso corporeo accumulato come carburante invece degli zuccheri dei carboidrati ottimizzando in questo modo la sintesi dell'insulina. E' stato dimostrato che i cambiamenti ormonali consentono al digiuno a breve termine di aumentare il metabolismo dal 3,6 al 14%. Il digiuno abbassa i livelli di insulina e la diminuzione di questo enzima rende il grasso corporeo immagazzinato facilmente accessibile. Quindi si riduce la ritenzione di grasso consentendo al corpo di utilizzare il grasso immagazzinato. Per questo motivo per perdere peso è molto importante ed allo stesso tempo sano mantenere un livello di insulina basso.

Nel paragrafo precedente hai letto che il cibo che consumiamo viene scomposto dagli enzimi nel nostro stomaco che alla fine si trasformano in molecole nel nostro flusso sanguigno. I carboidrati, in particolare gli zuccheri e i cereali raffinati (come ad esempio la farina bianca e il riso), vengono facilmente scomposti in zuccheri che le nostre cellule usano per produrre energia. Quando il corpo non ha immediatamente bisogno dell'energia in eccesso prodotta, questa viene conservata nelle nostre cellule adipose. Lo zucchero raggiungerà le nostre cellule solo con l'insulina, un ormone prodotto nel pancreas che ha il compito di trasportare il Glucosio dal sangue agli organi e le cellule. L'insulina porta il fruttosio nelle cellule adipose e lo truttiene lì.

Finché non mangiamo, i nostri livelli di insulina possono scendere e le nostre cellule adipose rilasceranno quindi lo zucchero accumulato per utilizzarlo come energia perdendo in questo modo un po' di peso.

L'idea del *D.I.* è tutta qui!

Incoraggiare i livelli di insulina a scendere abbastanza a lungo da bruciare il nostro peso.

1.4 Perché il digiuno intermittente fa bene al corpo?

Naturalmente la riduzione del peso non è l'unico vantaggio del *D.I.*, sbaglieresti se credessi questo. Di seguito leggerai solo alcuni dei molteplici vantaggi di cui gioverebbe il tuo corpo adottando questo tipo di piano alimentare. La lista sarebbe veramente infinita.

È più facile di una qualunque altra dieta

Forse hai fatto tutto il possibile per seguire una dieta, ma niente sembra funzionare. Non è sempre facile rispettare le riduzioni delle porzioni, quindi perdere peso o stare meglio non è sempre questione di calorie. È più importante cambiare ciò che mangi rispetto a quante volte mangi ed è qui che si concentra maggiormente il *D.I.*: è facile se capisci come farlo.

Oltre a ciò, devi decidere in anticipo cosa mangiare per rispettare la dieta, ma a volte potresti avere difficoltà a trovare il cibo che ti piace o potresti essere poco convinta di seguire quella dieta. Un programma di digiuno di tipo intermittente, d'altra parte, sembra essere difficile da seguire. Ad esempio, una dieta in genere comporta l'eliminazione di ingredienti "nocivi" e il consumo di meno carboidrati. Sembra facile? Ma cosa succede quando i morsi della fame ti colpiscono? Con il D.I., invece, potrai consumare anche più di quanto ti piace ma a intervalli definiti. Tuttavia, cerca di mangiare in modo equilibrato perché le calorie in eccesso possono solo rallentare il processo di perdita di peso.

Il digiuno intermittente è meno stressante

Immagina di iniziare la giornata pensando di dover pianificare tutti pasti della giornata prima di colazione. Questa è la routine della dieta, che può consumare gran parte della giornata. Il digiuno, invece, è facile, trasparente e meno faticoso. Digiunare significa consumare un pasto in meno. Quindi non sarai più stressata pensando a cosa dover cucinare in momenti particolari della giornata.

Può ridurre i rischi di condizioni di salute avverse

Sappiamo che l'obesità è tra le cause critiche dei problemi di salute. Aiutando con la perdita di peso e la regolazione dell'insulina, il *D.I.* riduce anche la possibilità di attacchi di cuore e diabete e tutti quegli effetti collaterali derivanti dal consumo eccessivo di calorie e dalla vita sedentaria.

Tuttavia, è utile ricordare che ogni fisico è diverso e che il *D.I.* potrebbe non essere appropriato per le persone con problemi di salute.

1.5 Come implementare il digiuno intermittente?

Dopo esserti documentata ed informata ora è il momento di capire come iniziare, ed apprendere correttamente cosa devi fare per praticare il *D.I.*! Ora è il momento di iniziare con la tua routine. La salute è l'obiettivo principale, quindi assicurati di fare quanto segue prima di intraprendere il tuo viaggio.

Scegli Opzioni facili

È essenziale, soprattutto se è la prima volta. Devi continuare a fare ciò che ti fa sentire meglio. Questo vale anche per i pasti. Non è una dieta rigida, puoi mantenere gran parte dei tuoi pasti quotidiani. Naturalmente, è bene assumere il giusto mix di pasti che ti aiuteranno ad ottenere il perfetto risultato dal tuo digiuno. Tuttavia, assicurati di assumere nutrienti e liquidi adeguati e di limitare l'assunzione di zucchero, grassi saturi, sale, colesterolo ecc. Per i principianti, niente bibite dietetiche, e cerca di restare ben idratata assumendo molto liquidi.

Anche il motivo per cui hai deciso di iniziare con il *D.I.* è importante e rende le cose estremamente più semplici da seguire. Per cominciare, identifica inequivocabilmente quali sono le tue motivazioni: - ridurre il peso, -prevenire alcune malattie, - vivere meglio, o cos'altro?

Consulta un esperto o un medico

Come ogni dieta, se fatta male può mettere a rischio la tua salute. Quindi, piuttosto che precipitarti in un regime di digiuno, scopri cosa è meglio per il corpo. In questo modo puoi capire meglio ciò che riesci o che non riesci a gestire. Se hai un problema medico come il diabete, o una malattia cardiaca, fatti consigliare da un professionista per riuscire ad ottenere il massimo beneficio senza compromettere la tua salute.

Calcola i giorni e le ore

Pianifica il tuo calendario dei pasti. In questo modo non incorri in contrattempi e naturalmente scegli l'orario dei pasti in modo che siano compatibili con il tuo stile di vita.
Anche i giorni della settimana sono importanti. La maggior parte degli specialisti suggerisce di digiunare durante i giorni feriali. Probabilmente perché in quei giorni siamo sempre pieni di cose da fare, quindi non abbiamo il tempo di pensare alla fame e al cibo. Forse per te non è così, per cui individua i giorni più consoni alle tue esigenze. Il mio consiglio per iniziare, è quello di adottare dei piani di alimentazione a tempo limitato piuttosto che seguire quelli dove è previsto il digiuno completo in alcuni giorni della settimana.

1.6 Il digiuno intermittente fornisce benefici anti-età

Durante l'esecuzione di esperimenti sugli effetti della riduzione delle calorie negli adulti in sovrappeso si è scoperto che la riduzione delle calorie aumenta la produzione di energia e riduce il rischio di malattie croniche, come insufficienza cardiaca, diabete e cancro. In più si è scoperto che limitare le calorie riduceva anche il danno cellulare aiutando a preservare il DNA stabile.

Danno Cellulare e Instabilità del DNA sono i due fattori principali da sconfiggere nella lotta contro l'invecchiamento poiché le cellule indebolite e infiammate aumentano il rischio di malattie croniche, mentre l'invecchiamento inizia proprio con l'usura del DNA.

Però sebbene la restrizione calorica possa fornire grandi benefici anti-età, per la maggior parte delle persone è molto difficile seguire una dieta che includa la riduzione del consumo calorico dal 30 al 40 percento e soprattutto mantenerla ogni giorno a lungo termine.

E' qui che entra in gioco il *D.I.*. Come alternativa alla restrizione calorica, perché è stato dimostrato che fornisce gli stessi vantaggi che prolungano la vita senza avanzare richieste nutrizionali irragionevoli.

1.7 L'impatto del digiuno intermittente sul tuo corpo

Molti benefici si verificano a livello molecolare mentre il corpo è a digiuno, anche se il digiuno è breve o sporadico. I seguenti cambiamenti, innescati dal *D.I.*, si verificano tutti contemporaneamente per incoraggiare una vita sana e lunga:

- **Espressione genica**: si verificano cambiamenti nei geni che promuovono la longevità e prevengono le malattie.
- **Riparazione cellulare:** le cellule rimuovono più rifiuti che potrebbero causare danni cellulari.
- **Protegge dallo stress ossidativo:** previene il danno cellulare dovuto a molecole instabili chiamate radicali liberi.
- **Combatte l'infiammazione:** il *D.I.* riduce l'infiammazione.
- **Cambiamenti ormonali:** il calo dei livelli di insulina previene il diabete e può aumentare la longevità.

Il *D.I.* ti consente spesso di perdere peso e grasso addominale, il che a sua volta aumenta la tua forma fisica ed elimina i disturbi cronici che possono prolungare la tua esistenza.

1.8 Benefici anti-età della restrizione calorica

La restrizione calorica è il più potente di tutti i trattamenti anti-età. Il metodo tradizionale prevede di ridurre l'apporto di calorie del 20-40% per lunghi periodi di tempo, il che non è né raccomandato né consigliato.

Secondo un articolo molto ben fatto in Interventi clinici sull'invecchiamento intitolato "Mangiare meno ti aiuterà a vivere più a lungo e meglio?" la restrizione calorica incoraggia cinque meccanismi principali, correlati tra di loro, che influenzano un invecchiamento sano sono:

- Infiammazione: NF-kb

- Antiossidanti: Nrf2

- Fisiologia mitocondriale: AMPK / SIRT

- Proliferazione cellulare: IGF-1 e TOR (in particolare mtor)

- Autofagia: foxo

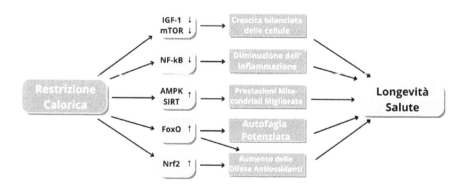

Si è scoperto che la parte più significativa del digiuno sono i vantaggi cellulari derivanti dai periodi di riposo. Alicia Galvin, famosa dietista gastrointestinale della Florida, sostiene che questo inizia con i mitocondri, la parte delle cellule che trasforma il cibo in energia. Il loro DNA può esaurirsi quando ne consumiamo troppo, ma il digiuno dà loro la possibilità di rigenerarsi, ritardando l'invecchiamento su base cellulare. Indipendentemente da ciò che si consuma, il digiuno aiuterà le cellule a rigenerarsi e guarire.

Ma per ridurre il proprio peso, Galvin afferma che l'unico approccio per ottenere il massimo dal digiuno è mantenere stabilizzato il livello di zucchero nel sangue bilanciando l'apporto di cibo. Quindi, se qualcuno sta mangiando troppi cibi ricchi di carboidrati e non abbastanza grassi o proteine, può avere un picco di zucchero nel sangue, che segnala al corpo di accumulare grasso, annullando quindi tutte le migliori intenzioni.

1.9 Il *D.I.* consente la riparazione delle cellule ed aiuta a evitare le malattie

Con il *D.I.* stai letteralmente dando al tuo corpo e alle tue cellule la possibilità di guarire dallo stress e dalle tossine. "I mitocondri delle tue cellule guarendo portano a cellule più sane e quindi un miglior controllo delle malattie", spiega Galvin. "E lasciare che il corpo si ripari naturalmente è molto utile anche per la salute del cervello". Sebbene condotti sui topi, alcuni studi hanno dimostrato che il digiuno riduce il declino cognitivo correlato all'età interrompendo il processo di invecchiamento, causato dalla genetica e dal comportamento.

I mitocondri aiutano a trasformare il cibo che consumiamo in energia, quindi quando si indeboliscono sono vulnerabili alle mutazioni. "Poiché il DNA mitocondriale ha una capacità limitata di ripararsi quando è danneggiato, queste mutazioni tendono a svilupparsi nel tempo", secondo un rapporto riportato in Genetics Home Research, parte di MedlinePlus. E continua asserendo che "Un accumulo di mutazioni somatiche nel DNA mitocondriale è stato correlato con alcuni tipi di cancro e con un rischio elevato di alcune malattie legate all'età come malattie cardiache, morbo di Alzheimer e Parkinson. Inoltre, le prove indicano che l'accumulo graduale di queste mutazioni nel corso della vita di una persona può svolgere un ruolo nella fase naturale dell'invecchiamento. Secondo i risultati, aiutare il tuo corpo a digiunare è un modo per ridurre il rischio di cancro e rallentare il processo d'invecchiamento."

Capitolo 2: Digiuno intermittente - Tipi e benefici

2.1 Tipi di digiuno intermittente

Il primo passo che devi fare è stabilire un programma dei pasti che si adatti ai tuoi gusti e dalle tue esigenze. I nutrizionisti hanno stabilito diversi tipi di regime alimentare per il *D.I.*, di cui probabilmente avrai sentito già parlare. Quasi tutti risultano essere molto efficaci, devi solamente decidere quale fa al caso tuo.

2.1.1 Digiuno giornaliero intermittente

14:10

Questo è il programma più efficace per le donne. Puoi mangiare dalle 10:00 e digiunare dalle 20:00 alle 10:00 del giorno successivo. Se però sei una persona che non riesce a sopravvivere senza colazione, questo piano non fa per te.

Potresti tuttavia limitare la tua colazione ad una tazza di tè nero o un caffè fino alle 10 e non cenare dopo le 20. Comunque è necessaria un po' di organizzazione per far funzionare il meccanismo alla perfezione. Mangiare prima delle 20 ti porterà ad andare a letto un po' prima del solito, innescando così un circolo virtuoso di maggior benessere.

MezzaNotte	GIORNO 1	GIORNO 2	GIORNO 3	GIORNO 4	GIORNO 5	GIORNO 6	GIORNO 7
4 AM	DIGIUNO	DIGIUNO	DIGIUNO	DIGIUNO	DIGIUNO	DIGIUNO	DIGIUNO
10 AM							
	Primo Pasto	Primo Pasto	Primo Pasto	Primo Pasto	Primo Pasto	Primo Pasto	Primo Pasto
10 PM							
4 PM	Ultimo pasto entro le 20	Ultimo pasto entro le 20	Ultimo pasto entro le 20	Ultimo pasto entro le 20	Ultimo pasto entro le 20	Ultimo pasto entro le 20	Ultimo pasto entro le 20
8 PM	DIGIUNO	DIGIUNO	DIGIUNO	DIGIUNO	DIGIUNO	DIGIUNO	DIGIUNO
MezzaNotte							

16:8

Per seguire questo piano, chiamato anche metodo *leangains*, dovresti consumare tutto ciò che ti piace entro una finestra di alimentazione di 8 ore e digiunare per le restanti 16 ore. Le persone che ottengono i risultati migliori seguendo questa dieta sono gli uomini.

Tipicamente, il momento di digiuno coincide con il tempo che passa tra il pasto serale, sempre prima delle 8 di sera, ed il primo pasto della giornata intorno all'ora di pranzo, saltando quindi la colazione.

Questo piano sarebbe ancora più efficace se consumassi tutti i pasti tra le 11:00 e le 19:00. Nelle rimanenti ore del giorno puoi consumare solo bevande non zuccherate come acqua, tè e caffè. Se ti stai chiedendo quante volte ripetere a settimana questa scaletta, ti rispondo subito dicendoti che questo piano è un regime di digiuno, e che dovresti farlo ogni giorno per vedere i risultati che ti sei prefissata. Ricorda che, anche se spesso utilizzo pure io questo termine, il *D.I.* non è una dieta, ma è una routine alimentare che deve diventare parte del tuo stile di vita.

Il METODO 16/8

MezzaNotte	GIORNO 1	GIORNO 2	GIORNO 3	GIORNO 4	GIORNO 5	GIORNO 6	GIORNO 7
4 AM	DIGIUNO	DIGIUNO	DIGIUNO	DIGIUNO	DIGIUNO	DIGIUNO	DIGIUNO
10 AM							
12 PM	Primo Pasto	Primo Pasto	Primo Pasto	Primo Pasto	Primo Pasto	Primo Pasto	Primo Pasto
4 PM	Ultimo pasto entro le 20	Ultimo pasto entro le 20	Ultimo pasto entro le 20	Ultimo pasto entro le 20	Ultimo pasto entro le 20	Ultimo pasto entro le 20	Ultimo pasto entro le 20
8 PM							
MezzaNotte	DIGIUNO	DIGIUNO	DIGIUNO	DIGIUNO	DIGIUNO	DIGIUNO	DIGIUNO

20:4

Questa versione del *D.I.* richiede 4 ore di alimentazione e 20 ore di digiuno. La scelta del momento della giornata in cui mangiare è indifferente, ancora una volta dipende molto dal tuo stile di vita e dalle tue abitudini personali.

Per cominciare, consumerai i pasti intorno alle 14:00 e alle 18:00 tutti i giorni e digiunerai per le restanti 20 ore. In questo modo, avrai uno o due pasti semplici nel tuo intervallo di alimentazione di 4 ore.

Avendo poco tempo a disposizione, è importante selezionare gli alimenti giusti, che apportano la giusta energia. Puoi quindi preferire i grassi insaturi e le proteine consumando quantità adeguate di carne, pesce, uova e verdura. Fuori dalla finestra di alimentazione invece, nulla di tutto questo.

2.1.2 Digiuno intermittente a giorni alterni

Questo regime alimentare richiede tempi di digiuno più lunghi. In particolare, questo approccio prevede un giorno normale, durante il quale ci comporteremo come se nulla fosse, quindi 3 pasti, e un giorno di digiuno completo limitando l'apporto calorico fino al 75%.

Nel giorno di digiuno è consentita l'assunzione al massimo di 500 calorie, proprio per permettere di seguire meno difficilmente la dieta, senza comprometterne i benefici.

Anche qui non ci sono limitazioni di alimenti ma visto l'apporto calorico ridotto, è meglio concentrarsi su cibi che permettono di aumentare il senso di sazietà.

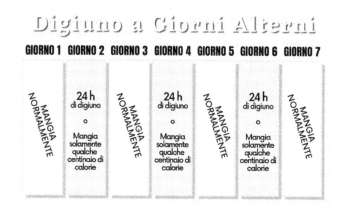

2.1.3 Digiuno intermittente settimanale

Se sei un principiante del *D.I.*, allora questo approccio è sicuramente il più semplice per te. Questa tecnica non ha lo stesso successo del digiuno intermittente frequente, tuttavia, si possono comunque trarre molti vantaggi. Il concetto è molto semplice.

In genere, le persone si adattano rapidamente a questo metodo per

24 ore e consumano solo una volta al giorno. Questo approccio può essere utilizzato 2-3 volte a settimana, puoi iniziare il periodo di digiuno nelle ore pomeridiane di venerdì e consumare il tuo primo pasto a mezzogiorno della domenica.

Di conseguenza, salti circa 2-3 pasti a settimana, ma fai attenzione che questo approccio non ti aiuterà a perdere peso.

2.1.4 Eat-Stop-Eat

5:2

La premessa principale di questa strategia dietetica è che hai cinque giorni di consumo quotidiano e due giorni di digiuno. In realtà come per il regime a giorni alterni visto prima, nei 2 giorni di digiuno si mangia molto poco, non più di 500 calorie, mentre negli altri giorni sei libera di mangiare ciò che vuoi.

Assicurati soltanto che la dieta sia ben bilanciata come sempre e che contenga proteine, insalata, frutta e cibi ricchi di fibre. Attenta a non cercare mai di digiunare per due giorni di seguito perché oltre a non essere salutare, non avrai successo. Devi assolutamente dividere i 2 giorni di digiuno!

La DIETA 5:2

| GIORNO 1 | GIORNO 2 | GIORNO 3 | GIORNO 4 | GIORNO 5 | GIORNO 6 | GIORNO 7 |

2.1.5 Salto spontaneo del pasto

Chiamato anche Digiuno Intermittente Casuale. Non è necessario seguire un rigido regime di *D.I.* per vedere i primi miglioramenti perché un'altra scelta che puoi fare è saltare i pasti di tanto in tanto, ad esempio quando non hai fame o sei troppo distratto per prepararti da mangiare.

Un errore che le persone fanno è quello di pensare di non dover mai saltare i pasti per evitare di far entrare il proprio corpo nello stato di digiuno. Il tuo corpo è in grado di supportare lunghi periodi di fame, figuriamoci saltare uno o due pasti di tanto in tanto.

Quindi, se un giorno non hai fame, salta la colazione e mangia solo un buon pranzo e cena. Oppure, se viaggi da qualche parte e non riesci a trovare qualcosa che vuoi consumare, fai un piccolo digiuno. Saltare uno o due pasti quando ti senti tentato di farlo è certamente un'ottima opportunità per il tuo benessere.

Salto Spontaneo dei Pasti

GIORNO 1	GIORNO 2	GIORNO 3	GIORNO 4	GIORNO 5	GIORNO 6	GIORNO 7
Colazione	Salto del Pasto	Colazione	Colazione	Colazione	Colazione	Colazione
Pranzo	Pranzo	Pranzo	Pranzo	Pranzo	Pranzo	Pranzo
Cena	Cena	Cena	Cena	Salto del Pasto	Cena	Cena

2.1.6 La dieta del guerriero

Qui, digiuni durante il giorno e mangi di notte all'interno di una finestra di alimentazione di quattro ore. Ori Hofmekler, un esperto di fitness, ha reso popolare questa dieta. Si tratta di un percorso che consente di eliminare le tossine e smaltire i chili di troppo attraverso un regime alimentare fatto di 2 fasi quotidiane: sotto-alimentazione e sovra-alimentazione.

Secondo Ori Hofmekler, alternando queste fasi e adottando uno stile di vita attivo, si favorisce il vigore e la forza, fisica e mentale, e si mantiene vivo il metabolismo. Il periodo di sotto-alimentazione è dedicato alla depurazione del corpo limitando l'apporto energico bevendo molta acqua e/o centrifugati disintossicanti e diuretici.

Quando sei nel periodo di sovra-alimentazione, puoi mangiare fino a sazietà ricercando sempre un buon equilibrio degli alimenti prediligendo cibi di diversi gruppi alimentari e altamente proteici.

LA DIETA DEL GUERRIERO

	GIORNO 1	GIORNO 2	GIORNO 3	GIORNO 4	GIORNO 5	GIORNO 6	GIORNO 7
MezzaNotte							
4 AM							
8 AM	Mangia solo piccole quantità di Frutta e Verdura	Mangia solo piccole quantità di Frutta e Verdura	Mangia solo piccole quantità di Frutta e Verdura	Mangia solo piccole quantità di Frutta e Verdura	Mangia solo piccole quantità di Frutta e Verdura	Mangia solo piccole quantità di Frutta e Verdura	Mangia solo piccole quantità di Frutta e Verdura
12 PM							
4 PM							
8 PM	Pasto Abbondante	Pasto Abbondante	Pasto Abbondante	Pasto Abbondante	Pasto Abbondante	Pasto Abbondante	Pasto Abbondante
MezzaNotte							

2.1.7 Digiuno notturno

Come indica il nome, digiunerai per le 12 ore notturne allo scopo di accelerare il metabolismo rispettando l'orologio biologico.

È anche chiamato digiuno autofago a causa del ciclo di 12 ore, che avvantaggia principalmente il nostro organismo dandogli il tempo di eliminare le tossine in eccesso.

In realtà la chiave del digiuno notturno sta nel cambiare l'orario dei due pasti principali. Basta semplicemente anticipare la cena e posticipare la colazione. Un grande vantaggio di questa forma di digiuno è che è veloce e facile da intraprendere, il suo segreto sta nel modificare l'orario dei due pasti principali posticipando la colazione ed anticipando la cena.

2.2   I migliori cibi da mangiare durante il digiuno intermittente

Per prima cosa, facciamo un passo indietro e rivediamo le basi: quali benefici trae la tua salute da una dieta a *D.I.*?

Hai letto, qualche pagina fa, che gli effetti anti-età sono principalmente attribuiti a una migliore regolazione dell'insulina e che la riduzione del peso è collegata a un consumo calorico complessivo ridotto a causa della cosiddetta finestra di alimentazione più breve.

In poche parole, poiché hai meno tempo per mangiare durante la giornata, mangi meno. Ma un concetto centrale, come in ogni dieta, è valutare la sua fattibilità in relazione al tuo stile di vita. Ci sono molti ottimi cibi che DEVI usare per creare la tua guida definitiva al *D.I.* ed evitare carenze nutrizionali. Vediamoli insieme.

2.2.1. Acqua

Uno degli aspetti più critici del mantenimento di un'abitudine alimentare equilibrata durante il *D.I.* è mantenere il corpo idratato. L'approvvigionamento energetico preferito del nostro corpo è lo zucchero accumulato nel fegato, noto anche come glicogeno. Se questa energia viene bruciata, scompare un'enorme quantità di fluido ed elettroliti.

Poiché restiamo senza energia per 12-16 ore, è doveroso almeno otto bicchieri di acqua al giorno può ridurre la disidratazione e portare anche ad un miglioramento del flusso sanguigno, della memoria e della forza muscolare e articolare durante il regime di *D.I.*.

2.2.2 Lenticchie

Questo legume sano offre un'elevata potenza di fibra con il 32% del fabbisogno totale di fibre soddisfatto in appena mezza tazza. Oltre a ciò, le lenticchie forniscono una buona fonte di ferro (circa il 15% del fabbisogno giornaliero).

Un altro nutriente molto importante, in particolare per le donne attive che stanno eseguendo il *D.I.*.

2.2.3 Grani non raffinati

I carboidrati sono un aspetto importante della vita e molto probabilmente non sono la minaccia quando si tratta di perdita di peso. Dal momento che una buona parte della tua giornata verrebbe trascorsa in digiuno, durante questa dieta, è fondamentale pensare attentamente a come ottenere abbastanza calorie senza però esagerare.

Al contrario, una dieta bilanciata riduce al minimo i cibi raffinati. Ci sarà un tempo e un luogo per cose come pane integrale, cracker e biscotti poiché questi alimenti sono più facilmente digeribili per un fisico allenato. Per questo motivo, se hai intenzione di fare esercizio o allenarti frequentemente durante il D.I., questa può essere una fonte particolarmente buona di energia in movimento.

2.2.4 Hummus

Uno degli snack più morbidi e gustosi conosciuti dall'umanità. L'hummus è un'altra straordinaria proteina vegetale ed un modo perfetto per aumentare il valore nutritivo di classici piatti come i panini: prova a sostituirlo alla maionese. Se sei abbastanza coraggiosa da creare il tuo hummus, non dimenticare che il trucco per la migliore ricetta è tahini e aglio.

2.2.5 Patate

Paragonabili al pane, le patate bianche vengono metabolizzate con il minimo sforzo da parte del corpo. E se combinate con una fonte di proteine, sono un ottimo spuntino post-allenamento per ricaricare i muscoli affamati.

Un altro vantaggio che rende le patate una scelta importante per il D.I. è che una volta fredde, le patate formano un amido resistente, perfetto per nutrire i batteri benefici nell'intestino.

2.2.6 Frullati

Se un integratore giornaliero non ti sembra allettante, prendi in considerazione l'idea di assumere una doppia dose di vitamine preparando frullati biologici ripieni di frutta e verdura. I frullati sono un modo perfetto per ingerire diversi cibi diversi, con diversi nutrienti essenziali.

2.2.7 Mirtilli

Non lasciarti mai confondere dal loro aspetto in miniatura: i mirtilli sono la prova che le cose buone arrivano anche in piccole confezioni! Gli studi hanno scoperto che gli antiossidanti sono indispensabili per la sopravvivenza e la giovinezza del fisico. I mirtilli sono una perfetta fonte di antiossidanti, che aiutano a disintossicare il corpo dai radicali liberi ed evitare danni cellulari diffusi.

2.2.8 Latte fortificato con vitamina D

Il consumo consigliato di calcio per un adulto è di 1.000 milligrammi al giorno, esattamente quello che riceveresti consumando tre tazze di latte al giorno.

Con una finestra di alimentazione ridotta, le possibilità di consumare così tanto sono molto scarse, quindi è necessario scegliere cibi ricchi di calcio. Il latte arricchito con vitamina D aumenta l'elaborazione del calcio da parte del corpo che può aiutare a mantenere le ossa sane.

Per aumentare il consumo regolare di calcio, puoi aggiungere il latte ai dolci o ai cereali o semplicemente consumarlo durante i pasti. Se non sei un fan delle bevande, le opzioni non casearie ricche di calcio includono tofu e prodotti a base di soia, oltre a verdure a foglia verde come il cavolo.

2.2.9 Burro chiarificato

Sai che un filo di olio d'oliva ha enormi benefici per la salute, ma ci sono molte altre varietà di olio che puoi usare. Se non vuoi riscaldare l'olio con cui stai cucinando al di sopra del punto di fumo, la prossima volta che sei in cucina a scaldare un soffritto, prova a usare il burro chiarificato al posto dell'olio di oliva.

Fondamentalmente, tutto il burro chiarificato ha un punto di fumo molto più alto che lo rende più leggero dell'olio.

2.2.10 Papaya

Potresti riscontrare sintomi di fame nelle ultime ore del digiuno, in particolare se hai appena iniziato con il *D.I.*. Questo frutto contribuirà potenzialmente a saziarti senza farti sentire stanca e irritabile nelle ultime ore del digiuno. La papaya produce un particolare enzima chiamato papaina, che agisce per abbattere le proteine. Assumere questo frutto tropicale in un pasto ricco di proteine ne aiuterà l'assorbimento e ridurrà il gonfiore.

2.2.11 Aminoacidi a catena ramificata (BCAA)

I BCAA sono un grande aiuto per la costruzione muscolare per gli atleti che amano gli allenamenti cardio a digiuno o vigorosi come prima attività al mattino. Possono anche essere consumati in qualsiasi momento della giornata (a digiuno o meno) per prevenire il catabolismo e preservare la massa muscolare magra. Attenta però perché se hai scelto di seguire una dieta vegana questo prodotto è composto per lo più da piume d'anatra.

2.3 Piano di digiuno intermittente

Bene ti sei convinta? Vuoi iniziare il tuo viaggio nel *D.I.* in modo semplice, divertente e salutare? Ecco un Piano di *D.I.* che ti guiderà giorno per giorno con le indicazioni da intraprendere.

Buon viaggio!!!

Giorno 1	Giorno 2	Giorno 3	Giorno 4	Giorno 5	Giorno 6	Giorno 7
12H DIGIUNARE **12H** MANGIARE	**13H** DIGIUNARE **11H** MANGIARE	**14H** DIGIUNARE **10H** MANGIARE	**15H** DIGIUNARE **9H** MANGIARE	**16H** DIGIUNARE **8H** MANGIARE	**16H** DIGIUNARE **8H** MANGIARE	**16H** DIGIUNARE **8H** MANGIARE
INIZIA e scegli il tuo Programma di Digiuno Intermittente	IMPARA le Basi del Digiuno Intermittente	DEFINISCI le Tue Ricompense	PREPARA un Pranzo ad Alto Contenuto Proteico	BEVI caffè nero quando hai fame	FAI una Passeggiata	RIFLETTI sui Tuoi Progressi

GIORNO 1
COMPITO DI OGGI: 12 ore di digiuno
LA MISSIONE DI OGGI: Scegli il tuo programma di *D.I.*

Ti suggerisco di iniziare progressivamente con il *D.I.* durante la prima settimana. Inizia il primo giorno con un digiuno di 12 ore per aumentare di un'ora al giorno fino ad arrivare a 16 ore il giorno 5. È più sicuro per il corpo e per il cervello abituarsi a vari programmi dietetici in questo modo.

Sarebbe opportuno anche che selezionassi un piano di *D.I.* che corrisponda idealmente al tuo stile di vita e che tu riesca a seguirlo per un intero periodo di 21 giorni a partire da oggi.

Come per tutte le cose, la coerenza è uno degli elementi più importanti che portano al successo.

GIORNO 2

COMPITO DI OGGI: 13 ore di digiuno
LA MISSIONE DI OGGI: Impara le basi del D.I.

Oggi si aumenta di 1 ora il periodo di digiuno rispetto a ieri, quindi 13 ore senza mangiare. In questo secondo giorno è importante che ti concentri su alcune abitudini alimentari sane che possono aiutarti a raggiungere i tuoi obiettivi: ad esempio inizia con il consumo di cibi integrali ed evita i grassi, alimenti trasformati e carboidrati vuoti.

Nell'ultima parte del libro sono riportati alcuni cibi e ricette che potresti cucinare e consumare per ottenere migliori risultati. Comunque, in generale pensa a pasti semplici ma deliziosi e nutrienti che puoi preparare a casa, come uova in camicia con spinaci, polpette e zucchine, insalata di feta o hummus fatto in casa per uno spuntino.

GIORNO 3

COMPITO DI OGGI: 14 ore di digiuno
LA MISSIONE DI OGGI: Definisci le tue ricompense

Le ricompense sono importanti quando si inizia a sviluppare un'abitudine nuova, proprio come in questo caso. Quindi per il giorno 3, è fondamentale che determini quale sarà la tua ricompensa per ogni giorno concluso con successo.

Perché le ricompense sono così importanti? Una ricompensa invia un segnale costruttivo al cervello, dicendo: "Fare questo è bello. Dovremmo farlo di più!" ed è naturalmente una cosa che ti fa sentire bene.

Idealmente, il giusto beneficio quando raggiungi un obiettivo legato al tuo piano di digiuno dovrebbe essere collegato ai bisogni primari di relax, socializzazione, cibo o gioco.

La ricompensa può anche essere rapida (ma potente!), ad esempio può essere semplicemente un gesto celebrativo che fai subito dopo aver raggiunto un obiettivo, come tirarti su di morale e dire "Buon lavoro" o spuntare un ulteriore giorno di *D.I.* portato a termine con successo.

Oppure potresti perseguire una strategia simbolica, ad esempio, ogni successo raggiunto ti attribuisci simbolicamente 1 gettone. Quando hai guadagnato cinque gettoni, ti concedi la vera ricompensa e passi una serata al tuo ristorante preferito.

GIORNO 4

COMPITO DI OGGI: 15 ore di digiuno
LA MISSIONE DI OGGI: Prepara un pranzo ricco di proteine!

Il tuo corpo oggi ne ha proprio bisogno dopo aver digiunato fino a 15 ore. Per recuperare, mangia uno spuntino ad alto contenuto proteico che ti aiuterà a raggiungere il tuo obiettivo di perdita di peso.

Puoi preparare verdure saltate o grigliate con una pietanza a tua scelta, come carne, pesce, legumi, fagioli, uova, tofu, mandorle, manzo alla griglia e semi, per esempio. Se stai cercando qualche ricetta, ti suggerisco di provare una rinfrescante insalata estiva di melograno con salmone selvatico: deliziosa!

GIORNO 5

COMPITO DI OGGI: 16 ore di digiuno
LA MISSIONE DI OGGI: Bevi caffè nero o acqua quando hai fame

Il quinto giorno del piano, raggiungerai la cosiddetta "velocità di crociera" di 16/8 ovvero digiunerai per 16 ore e ti alimenterai per 8 ore. E te lo assicuro sarà relativamente semplice da fare. Lo ho già sperimentato io così come centinaia di persone che hanno affrontato con successo la sfida dei 21 giorni.

Se hai difficoltà a superare le 16 ore di digiuno e placare la fame, ti consigliamo di consumare caffè nero. È ricco di antiossidanti che ti aiuteranno a perdere peso (ma non esagerare!).

Tieni presente che il caffè come lo intendiamo per il D.I. è scuro. Ciò significa niente zucchero, sciroppo o creme, niente cappuccino o latte, solo caffè nero. Se vuoi aggiungere qualcosa di gustoso, usa il dolcificante biologico stevia, ma fai attenzione perché può scatenare la fame.

Se invece non sei un bevitore di caffè puoi tranquillamente sostituirlo con una tazza di tè verde o nero, o semplicemente un bicchiere d'acqua. Ti assicuro che a volte la sensazione di fame svanisce dopo aver bevuto proprio un paio di bicchieri di acqua.

GIORNO 6

COMPITO DI OGGI: 16 ore di digiuno
LA MISSIONE DI OGGI: Fai una passeggiata

Speri di perdere peso durante questi 21 giorni di digiuno? È importante seguire una dieta ben bilanciata e ti consigliamo di fare un po' di esercizio nella tua routine quotidiana. Poco prima di interrompere il digiuno, vai a fare una passeggiata. Anche una breve passeggiata di 20 minuti sarà sufficiente.

Camminare è un ottimo modo per migliorare la tua forma fisica, migliorare il tuo umore ed effettivamente respirare un po' di aria fresca. Soprattutto, fare una passeggiata ti distrarrà dal tuo appetito e renderà le ultime ore di digiuno più fluide.

GIORNO 7

COMPITO DI OGGI: 16 ore di digiuno
LA MISSIONE DI OGGI: Fai una passeggiata

Mantieni anche oggi l'obbiettivo del giorno precedente e, così facendo, concentrati sugli obiettivi raggiunti durante questa tua settimana di digiuno. Scattare un'immagine di tutto il corpo, registrare il peso e confrontarli con il peso e l'immagine iniziali è parte del processo di trasformazione.

Puoi iniziare a vedere i primi segni di perdita di peso e/o un cambiamento nel tuo aspetto fisico. Inoltre, vorrei che ti soffermassi un secondo a riflettere sul tuo successo. Come ti senti? Ti senti cambiata? Hai più energia? Più resistenza? E il tuo atteggiamento è cambiato? Oppure la tua pelle? ...e così via.

Svolgere un esercizio del genere ti aiuterà a riconoscere quando e, soprattutto, perché potresti avere difficoltà e quindi ti aiuterà a prendere provvedimenti per accelerare i tuoi risultati rendendo il *D.I.* una nuova abitudine sostenibile.

2.4 Cosa mangiare a colazione?

È sempre meglio uscire lentamente dal tuo stato di digiuno. Per non sovraccaricare troppo il tratto digerente, ti consiglio di assumere piccole quantità di cibi più facilmente digeribili alla fine della fase di digiuno.

Rompere il digiuno con cibi ricchi di calorie, zucchero o forse anche fibre può essere molto faticoso per il tuo corpo perohó possono essere alimenti difficili da digerire, provocando così gonfiore e disagio. Quindi mi raccomando niente cheeseburger puzzolenti, torta o bibite gassate. E niente cibi freschi, noci e semi ricchi di fibre, anche questi possono essere difficili da digerire.

Alimenti ricchi di nutrienti che sono semplici da assorbire ed hanno una piccola quantità di proteine e grassi buoni, dall'altro lato, ti aiuteranno a rompere il digiuno più facilmente.

Di seguito sono riportati alcuni esempi di cosa mangiare per interrompere il digiuno.

Frullati. Le bevande miscelate possono essere un modo più delicato per introdurre sostanze nutritive nel tuo corpo poiché contengono meno fibre rispetto a frutta e verdura intera e cruda.

Zuppe. Le zuppe che contengono proteine e carboidrati facilmente digeribili, come lenticchie, tofu o pasta, possono rompere delicatamente il digiuno. Evita le zuppe a base di panna o con una grande quantità di verdure crude ricche di fibre.

Frutta secca. I datteri sono una fonte concentrata di sostanze nutritive frequentemente utilizzate per le colazioni in Arabia Saudita. Albicocche e uvetta possono avere effetti simili.

Alimenti fermentati. Prova lo yogurt o il kefir senza zucchero. Rompere il digiuno con cibi sani che possono essere meglio tollerati può aiutare a reintegrare importanti nutrienti ed elettroliti e facilitano il ritorno del cosiddetto cibo "normale" nella tua dieta.

Grassi sani. Alimenti come uova o avocado possono essere ottimi primi cibi da mangiare dopo le verdure. Verdure cotte, morbide e ricche di amido come le patate sono anche queste buone opzioni per interrompere il tuo digiuno.

Capitolo 3: Pro e contro del digiuno intermittente

Come hai già imparato, esistono diversi tipi di *D.I.*, che vanno da quelli in cui il cibo è completamente vietato in determinati giorni della settimana a quelli in cui il cibo è limitato solo durante alcuni intervalli della giornata. Queste diverse abitudini di vita permettono di raggiungere e sostenere un peso stabile e avere una forma fisica migliore anche tra individui già equilibrati. Ma vediamo adesso quali sono i pro e i contro del *D.I.*.

3.1 Pro

3.1.1 Facile da seguire

Spesso le preferenze dietetiche dipendono dal consumo di prodotti specifici e dalla limitazione o dall'esclusione di altri alimenti. Imparare le regole di base di uno stile alimentare comporta un notevole risparmio di tempo. Ad esempio, ci sono interi libri dedicati alla comprensione della dieta DASH o alla scoperta di come eseguire un programma alimentare mediterraneo. In un programma dietetico che prevede un digiuno prolungato, in realtà ti alimenti in base all'ora o al giorno della settimana. Se hai deciso quale metodo di *D.I.* è meglio per te, tutto ciò di cui hai bisogno è un orologio o un calendario per sapere cosa mangiare.

3.1.2 Nessuna limitazione dei macronutrienti

I macronutrienti sono princìpi alimentari che devono essere introdotti in grandi quantità, poiché rappresentano la più importante fonte energetica per l'organismo. Appartengono a questa categoria i carboidrati, i grassi e le proteine. Esistono piani alimentari comuni che limitano drasticamente questi macronutrienti.

Ad esempio, molte persone adottano una dieta a basso contenuto di carboidrati per migliorare la forma fisica o perdere peso. Altri praticano una dieta a basso contenuto di grassi per motivi di salute. Ciascuno di questi piani permette di seguire uno stile alimentare diverso, a volte cambiando le pietanze preferite con cibi nuovi e potenzialmente sconosciuti.

Questo ti porta a conoscere nuove ricette e ad acquistare nuove tipologie di cibi, il che non è certamente una cosa sbagliata, ma durante il digiuno intermittente non dovrai affrontare nulla di tutto ciò, semplicemente perché nulla è limitato o proibito.

3.1.3 Potrebbe potenzialmente aumentare la longevità

Uno degli effetti più comunemente citati del *D.I.* è quello della longevità. Secondo il National Institute on Aging, gli esperimenti sui roditori dimostrano che quando i topi vengono inseriti in programmi che limitano pesantemente le calorie (spesso durante i periodi di digiuno), si ha un allungamento medio della durata della vita insieme ad una riduzione del tasso di mortalità dovuto ad alcune malattie, in particolare i tumori.

E' plausibile poter dire che questo beneficio si riscontra anche sugli esseri umani? Secondo gli addetti del mestiere, SI'! Naturalmente sono necessari ancora molti studi a lungo termine sull'argomento per poter definitivamente archiviare la questione.

Secondo un altro studio pubblicato nel 2010, ci sono state prove empiriche che collegavano il digiuno religioso agli effetti della longevità a lungo termine, ma è stato difficile accertare se il digiuno ne fosse la causa o se altri fattori ne erano i responsabili.

3.1.4 Nessun conteggio delle calorie

Spesso accade che le persone che stanno tentando di raggiungere o mantenere un peso più sano tendono ad interrompere il conteggio delle calorie. Sebbene le etichette nutrizionali siano facilmente reperibili su molti articoli, il compito di calcolare le dimensioni delle porzioni e di tabulare i conteggi regolari manualmente o su un'app mobile può essere noioso.

Una ricerca pubblicata nel 2011 ha mostrato che le persone sono più inclini ad adottare piani quando vengono consegnati tutti i pasti a calorie controllate pre-misurate. Diete commerciali come WW, Jenny Craig e altri offrono questi programmi dietro compenso economico, ma spesso le famiglie non hanno i soldi per pagare questi tipi di servizi, soprattutto a lungo termine.

Il *D.I.* offre un'opzione conveniente perché è necessario un conteggio delle calorie minimo o nullo. In alcuni casi, la restrizione calorica (e di conseguenza la perdita di peso) si verifica quando il cibo viene rimosso o notevolmente ridotto in determinati giorni o in determinate ore della giornata.

3.1.5 Promuove la perdita di peso

Su questo argomento non vorrei soffermarmi troppo, l'ho già trattato qualche pagina indietro e non vorrei essere ripetitiva. Aggiungo solamente che in un'importante meta-analisi condotta nel 2018, gli scienziati hanno comparato i risultati di 11 studi diversi della durata di 8-24 settimane evidenziando che sia il *D.I.* che la restrizione energetica costante hanno ottenuto risultati simili se gli obiettivi erano la perdita di peso e i cambiamenti metabolici.

Nello stesso contesto hanno anche riscontrato come in alcune situazioni i risultati della perdita di peso possano dipendere dall'età. Hanno quindi approfondito l'impatto del digiuno intermittente sui giovani maschi di 20 anni e sugli anziani con più di 50 anni, evidenziando che il *D.I.* ha ridotto marginalmente la massa corporea nei giovani, ma non negli uomini più anziani, non alterando la forza muscolare in entrambe i gruppi.

3.1.6 Mangiare senza restrizioni

Chiunque abbia mai affrontato una dieta per ottenere un beneficio medico come ad esempio un peso più sano, sa perfettamente quanto si tendono a desiderare i cosiddetti "cibi proibiti". In realtà, un rapporto pubblicato nel 2017 ha concluso che più ci si accanisce a voler seguire una dieta ferrea, maggiore sarà la probabilità di fallire nella perdita di peso.

Invece la cosa risulta notevolmente più facile seguendo un programma di *D.I.*. La privazione alimentare si applica solo durante tali orari limitati e, negli orari o nei giorni non a digiuno del piano, di solito puoi consumare tutto ciò che desideri. Ti consiglio di chiamare i giorni NON di digiuno del tuo piano i tuoi "giorni di festa".

Naturalmente, consumare cibi grassi non sarebbe il modo più salutare per trarre vantaggio dal *D.I.*, ma comunque limitarli totalmente nei giorni di digiuno alla fine porta ugualmente dei benefici.

3.1.7 Controllo del glucosio

Questo modello alimentare può aiutare le persone con diabete di tipo 2 a controllare lo zucchero nel sangue attraverso la riduzione del peso per le persone in sovrappeso o obese, ma può di contro esacerbare la sensibilità all'insulina nelle persone sane.

Una serie di casi studiati nel 2018 ha mostrato l'efficacia del digiuno (accompagnato da monitoraggio medico e allenamento dietetico di 6 ore) nell'invertire la resistenza all'insulina pur mantenendo la regolazione dei loro zuccheri nel sangue per un ciclo di sette mesi. In tutti e tre gli scenari, i pazienti sono stati in grado di terminare il trattamento con insulina, perdere peso, abbassare le dimensioni della pancia e vedere un aumento complessivo della glicemia.

3.1.8 Altri benefici per la salute

Alcuni risultati hanno collegato il *D.I.* con una serie di altri benefici per la salute. Tuttavia, quasi tutti gli studiosi sono concordi nel sottolineare che sono necessari ulteriori approfondimenti per apprezzare adeguatamente il valore del *D.I.*. Ad esempio, una ricerca riportata nel 2018 ha riportato che il digiuno durante il Ramadan ha contribuito alla riduzione delle LDL totali (il colesterolo "cattivo"), dei trigliceridi e nello stesso tempo un miglioramento dei livelli di HDL (il colesterolo "buono") nei soggetti studiati.

Un altro studio del 2014 ha mostrato che il *D.I.* potrebbe essere un approccio efficiente per affrontare l'infiammazione sistemica di basso grado e alcune malattie croniche legate all'età e alla funzione immunitaria senza perdere le prestazioni fisiche.

3.2 Contro

Gli studi che esplorano le implicazioni del *D.I.* spesso fanno riferimento ad alcuni effetti negativi che possono insorgere durante la fase di digiuno della routine alimentare. Ad esempio, non è insolito sentirsi di malumore, soffrire di bruciore di stomaco, nausea, sonnolenza, costipazione, disidratazione, diminuzione della qualità del sonno o anemia.

Il *D.I.* può essere dannoso per chi soffre di asma, livelli elevati di colesterolo LDL, quantità anormalmente elevate di acido urico nel sangue, malattie cardiovascolari, iperglicemia e disturbi epatici e renali.

3.2.1 Attività fisica ridotta

Una conseguenza importante del *D.I.* può essere la mancanza di esercizio fisico. Le varie tipologie di *D.I.* danno indicazioni su quando non mangiare, ma non forniscono delle line guida relativamente all'esercizio fisico. Infatti, chi segue il *D.I.* può sentirsi così sfinito da lottare per raggiungere i propri obiettivi quotidiani e può arrivare persino a modificare le sue normali abitudini di allenamento. Ti consiglio di valutare giorno dopo giorno come il *D.I.* influenzi le tue sessioni di attività fisica.

3.2.2 Farmaci

Molti pazienti che assumono medicinali ritengono che la loro assunzione insieme ai pasti tenda ad alleviarne gli effetti collaterali. In realtà, alcune prescrizioni suggeriscono chiaramente di assumere i medicinali con il cibo. Pertanto, l'assunzione di medicinali durante il digiuno può essere un problema. Chiunque prenda farmaci dovrebbe parlare con il proprio medico prima di iniziare ad intraprendere un qualsiasi percorso di *D.I.* per assicurarsi che la fase di digiuno non interagisca con l'efficacia o gli effetti collaterali del farmaco.

3.2.3 Grande fame

E' normale che chi si trova nella fase di digiuno di una routine alimentare *D.I.* provi una fame estrema. Questa fame può diventare più intensa quando si è circondati da persone che non stanno seguendo nessuno regime alimentare particolare e che quindi mangiano spuntini e pasti normali. Un buon consiglio è quello di intraprendere questo percorso insieme al proprio compagno oppure alla tua amica di fiducia, ma una frase ti deve sempre ronzare in testa: "Tieni duro e non mollare!!!"

3.2.4 Può favorire l'eccesso di cibo

Durante lo stato di alimentazione nel *D.I.*, la quantità di cibo e la durata del pasto non sono limitate. Di conseguenza può capitare che alcune persone si abbandonino a una dieta *ad libitum*, mangiando in eccesso. Ad esempio, se ti senti affamato dopo una giornata di digiuno completo, potresti essere tentato di mangiare troppo o peggio mangiare cibi sbagliati nei momenti in cui è possibile "mangiare".

3.2.5 Nessun focus sugli alimenti sani

La chiave per qualsiasi strategia di *D.I.* è il ritmo invece della scelta del cibo. Pertanto non ci sono restrizioni di cibi, e gli alimenti che offrono una buona alimentazione non sono per così dire "incoraggiati". Per questo motivo, chi adotta un qualsiasi piano di *D.I.* può non essere in grado di consumare una dieta equilibrata. Senza un valido aiuto potresti non essere in grado di cucinare in modo salutare, con oli sani, né di preferire verdure e selezionare i cereali integrali rispetto ai cereali lavorati. Quindi molta attenzione!

3.2.6 Limitazioni a lungo termine

Sebbene la pratica del *D.I.* digiuno intermittente non sia nuova, gran parte della ricerca che studia i vantaggi dello stile alimentare è stata scoperta solo di recente. Di conseguenza, non si sa ancora approfonditamente se i benefici dureranno a lungo termine.

Per ora, la linea d'azione più sicura è di consultare con il proprio medico quando si sceglie iniziare un piano di *D.I.*. Terrete insieme traccia dei tuoi risultati e di eventuali vantaggi o problemi che si presenteranno per assicurarti lo stile alimentare più salutare per il tuo fisico.

3.3. Miti comuni sul digiuno intermittente

Se stai praticando il *D.I.* o stai pensando di farlo, è fondamentale apprendere le giuste informazioni per essere in grado di iniziare con il piede giusto. In questo modo è più probabile che tu goda dei benefici dovuti alla perdita di peso ed alla maggiore energia che sentirai. Sfortunatamente, c'è molta disinformazione a riguardo, avrai sicuramente già letto cose del tipo:

-Il digiuno ritarda il tuo metabolismo,

-Non dovresti bere acqua durante un digiuno,

-Il digiuno avvizzisce i muscoli.

Queste teorie sul digiuno, tuttavia, non sono vere, ma fondate su voci, congetture e falsi miti. Ma vediamoli uno ad uno!!!

Mito n. 1: Il digiuno rallenta il metabolismo

Alcune persone temono che il digiuno riduca il tasso metabolico a riposo e cioè che il digiuno ti aiuti a bruciare meno calorie a riposo. La paura diffusa è che tu possa aumentare di peso come un bradipo tridattilo una volta abbandonato il regime di *D.I.*. Questo è ciò che si verifica nelle diete a restrizione calorica, il che significa consumare dal 50% all'85% delle calorie che il corpo consuma regolarmente a lungo termine. Il tuo corpo si adatta al ridotto consumo di energia e rimarrà tale per anni.

Se hai mai guardato la trasmissione televisiva The Biggest Loser, avrai sicuramente notato il regime di riduzione delle calorie a cui sono sottoposti i pazienti/concorrenti. Quasi sempre perdono peso ed altrettanto frequentemente lo riprendono, però i fan del programma non parlano mai o quasi di questo aspetto.

L'effetto Yo-Yo si verifica anche per il *D.I.*? NO. In un studio del 2005 condotto sull'American Journal of Clinical Nutrition, le persone in sovrappeso che hanno osservato il digiuno a giorni alterni hanno mantenuto un tasso metabolico regolare per la maggior parte delle tre settimane, bruciando anche più grassi.

Mito n. 2: Non dovresti bere acqua durante il digiuno

Alcuni digiuni religiosi, compreso il digiuno del Ramadan, richiedono restrizioni sia alimentari che idriche. Sfortunatamente, poiché il digiuno ha un impatto diuretico, limitare l'acqua può contribuire a una pericolosa disidratazione. Ecco perché i medici prestano particolare attenzione al consumo di liquidi durante la supervisione dei pazienti che intraprendono digiuni clinici.

Mito n. 3: Non puoi aumentare la massa muscolare durante il digiuno

Il digiuno non sembra il modo giusto per sviluppare i muscoli. Dopotutto, non continui a prepararti i frullati proteici? Ok, hai sicuramente bisogno di nutrizione, ma non ne hai bisogno 24 ore su 24, 7 giorni su 7.

E' stato dimostrato nel 2019 che alcune donne che si sono sottoposte ad un regime di *D.I.* 16/8 hanno guadagnato la stessa quantità di muscoli e potenza di donne che seguivano un regime alimentare tradizionale. Ecco il problema. Il tuo corpo lavora intensamente per conservare i muscoli nei periodi di carenza di energia. In quei periodi consumi grasso corporeo (non muscoli) per il fabbisogno energetico.

Mito n. 4: Il digiuno ti fa mangiare di più

Dopo un digiuno, sarai affamato! Molti pensano che questo appetito nella fase finale dello stato di digiuno alimenti la necessità e il desiderio di cibo. I dati, tuttavia, non avvallano questa preoccupazione. La maggior parte degli studi sul digiuno incoraggia i pazienti a consumare quanto vogliono.

Mangiano a sazietà e continuano a perdere peso. In realtà, ti accorgerai anche tu che consumerai meno, e non di più ... in qualunque tipo di *D.I.*. Questa moderata restrizione calorica, in particolare, favorisce una leggera riduzione del peso senza rallentare il metabolismo.

Mito n. 5: E' per tutti

Il *D.I.* è alla moda e sulla bocca di tutti. Molti lo stanno già facendo e molte altre persone stanno iniziando proprio mentre stai leggendo queste parole. Ed accade orami in tutto il mondo. Ma attenzione, sebbene il digiuno sia sicuro e nutriente per la maggior parte delle persone, non è adatto a tutti, anzi sarebbe da evitare per:

- Donne in gravidanza e in allattamento

- Bambini

- Persone che soffrono di disturbi alimentari

- Persone affette da disturbi alla tiroide

- Persone che soffrono di patologie legate ai livelli di insulina.

I gruppi di persone appena elencate devono mangiare più cibo di quanto ne hanno bisogno, non meno. La possibilità di una perdita nutrizionale supera i possibili vantaggi del digiuno.

Molte persone che sono leggermente sovrappeso e si ritrovano elevati livelli di zucchero nel sangue possono certamente intraprendere il *D.I.* seppur con cautela. Prima di intraprendere questo percorso, consiglio ancora una volta di consultare il proprio medico/dietologo di fiducia perché sebbene il digiuno possa essere terapeutico, l'assistenza medica è necessaria per evitare l'insorgere di ipoglicemia (livelli di zucchero nel sangue pericolosamente bassi).

Mito n. 6: Il digiuno prosciuga le tue energie

Il cibo è carburante e senza carburante i livelli di energia non precipitano?

Alla fine, certamente! Ma mentre digiuni in modo intermittente, le cellule attingono a una fonte di energia alternativa: il grasso corporeo. E ce n'è in abbondanza per arrivare a fine giornata. E un individuo magro (ad es.70 kg con il 10% di grasso corporeo) ha incredibili riserve di grasso per soddisfare il fabbisogno energetico durante il digiuno. Se fai i calcoli, 7 kg di grasso corrispondono a oltre 60.000 calorie di energia!

In realtà, tutti quelli che intraprendono il D.I. riferiscono di sentirsi molto bene e carichi di energia. Ha senso, dato che il sangue viene prelevato dai tessuti e negli organi digestivi durante un pasto abbondante.

Mito n 7: Non puoi concentrarti durante il digiuno

Ripensa a quel tempo in cui stavi morendo di fame feroce. Non è stato davvero il momento più zen. Ma se segui una pratica quotidiana di digiuno prolungato, non dovresti sentire questa condizione di "fame". Quando le cellule iniziano ad utilizzare il grasso corporeo per alimentarsi, gli ormoni dell'appetito si stabilizzano. Bruciare il grasso corporeo spesso rilascia chetoni, piccole molecole che alimentano il cervello con energia pura e utilizzabile. Entrare in una condizione di chetosi aumenta la concentrazione, la memoria e l'enfasi negli anziani.

Capitolo 4: Digiuno intermittente e allenamento

L'esercizio fisico non può mancare, non solo per chi segue un qualunque tipo di dieta, ma in generale come stile di vita. Seguire questa dieta però e continuare a svolgere il corretto allenamento, forse è un po' più complicato.

Ecco quindi otto cose che dovresti sapere su come allenarti in modo sicuro ed efficace durante il digiuno.

4.1 Cose da sapere sul digiuno intermittente e su cui lavorare

4.1.1 Continua ad allenarti durante il digiuno. Ma rilassati!

Gli esercizi a digiuno hanno i loro vantaggi. Allenarsi a stomaco vuoto può aiutare con la perdita di peso perché il tuo corpo attingerebbe alle riserve di energia immagazzinate sotto forma di glicogeno e grasso invece di bruciare il tuo pasto più recente.

Quando ti alleni a digiuno, però, c'è il rischio che il tuo corpo inizi ad attaccare i muscoli per ottenere energia. Questo perché gli esercizi ad alta intensità hanno bisogno di molti carboidrati come carburante.

Ciò significa che correre velocemente o fare il tuo esercizio Crossfit quotidiano durante il digiuno, o alla fine del tuo digiuno, può ridurre di molto i benefici del tuo allenamento. Potresti anche non avere energie sufficienti per allenarti se sei nuova al D.I.

Un'ottima alternativa agli esercizi fisici ad alta intensità, che a digiuno provocano sicuramente effetti negativi, è il cardio a bassa intensità perché lavora principalmente sui grassi. Gli esercizi di digiuno intermittente adatti al cardio includono ciclismo, jogging, meditazione, nuoto e Pilates dolce.

4.1.2 Ascolta il tuo corpo

Se hai alcune condizioni di salute (specialmente quelle che possono scatenare vertigini, tra cui un basso livello di zucchero nel sangue o bassa pressione sanguigna), allenati quando non sei a digiuno. Presta attenzione al tuo corpo e fai ciò che ti fa sentire bene! Se ti senti debole durante l'allenamento, riposa, raccogli le energie e idratati prima passare alla fase di digiuno o prima di spostare il tuo allenamento in questa fase.

4.1.3 Inizia ad adattarti a un metabolismo che brucia i grassi

Ci vogliono un paio di settimane prima che il tuo corpo risponda a qualsiasi cambiamento o nuova abitudine, quindi adotta una vita a basso contenuto di carboidrati prima di digiunare per dare al tuo corpo il tempo di adattarsi. Se avverti stanchezza cronica, debolezza, vertigini, depressione, burnout, nausea o ti accorgi di recuperare i tuoi allenamenti molto lentamente, è il momento di rallentare.

Il *D.I.* e l'esercizio fisico possono essere complicati e scoraggianti da gestire contemporaneamente. E attenzione: allenamenti extra possono farti sentire più affamata in generale, il che può rendere il digiuno molto più impegnativo, in particolare se l'intensità di questi esercizi è troppo forte.

4.1.4 Idratazione

È essenziale bere molta acqua ed integratori durante il digiuno, in particolare quando digiuni e contemporaneamente ti alleni. Se gli elettroliti non sono controllati correttamente, possono verificarsi mal di testa, ipoglicemia, nausea, vertigini, pressione sanguigna bassa e crampi.

Rifornisci gli elettroliti con acqua di cocco biologica, capsule di integratori o bevande elettrolitiche a zero calorie. Evita le bevande sportive ricche di calorie, caffeina e altri diuretici. Assicurati di mangiare abbastanza sodio e potassio oltre ad essere adeguatamente idratato.

4.1.5 Fai rifornimento di proteine dopo un allenamento

Migliora il tuo digiuno consumando una quantità sufficiente di proteine, carboidrati ricchi di fibre e grassi equilibrati durante la tua finestra di alimentazione. Segui il tuo esercizio ad alta intensità ed assumi proteine entro 30 minuti dal completamento dell'allenamento. Se stai eseguendo cardio di intensità moderata a stomaco vuoto, allenati alla fine del periodo di digiuno in modo da poter fare rifornimento subito dopo. Prediligi cibi interamente biologici che bilanciano proteine e carboidrati. Ad esempio le uova strapazzate con le verdure, o se sei in movimento e hai bisogno di una soluzione di alimentazione post-allenamento facile e veloce, prendi in considerazione una barretta proteica o un frullato proteico.

4.1.6 Momento della giornata in cui preferisci allenarti

Se sei una persona che si allena prima delle 8:00, potresti dover cambiare l'orario di alimentazione in modo da poter gustare un pasto subito dopo un esercizio aerobico. Se sei un amante degli allenamenti pomeridiani, questo è un ottimo momento per fare un po' di sollevamento pesi. Ricorda comunque che gli esercizi a bassa intensità possono essere eseguiti in ogni momento della giornata.

4.1.7 Varia i tuoi allenamenti

È utile per il corpo fare una combinazione di allenamento ad alta intensità ed esercizio fisico per aumentare la massa muscolare mentre continua a far bruciare il tuo grasso. Questo ti supporterà chiaramente anche nel tuo piano di *D.I.*.

Nei giorni in cui puoi fare esercizio mattutino, concentrati sul cardio mentre quando puoi andare in palestra la sera, l'esercizio fisico è il tuo miglior alleato. In quei giorni in cui ti senti più svuotato, ovviamente non esitare a prenderti una pausa oppure sperimenta la meditazione o il Pilates.

4.1.8 Usa i sali minerali

Le bevande a basso contenuto calorico come l'acqua di cocco o le bevande sportive naturali aiuteranno a garantire che il tuo corpo riceva rifornimento di sali minerali ed integratori senza interrompere il digiuno.

4.2. Come scegliere l'allenamento giusto per il piano D.I.

Non tutti gli esercizi fisici sono uguali quando si tratta di eseguirli mentre si pratica il *D.I.*. Alcune forme di allenamento sono più impegnative per i muscoli e richiedere un pasto immediatamente dopo, altri potrebbero richiedere un consumo maggiore di carboidrati all'inizio della giornata.

4.2.1 Cardio e HIIT

Se eseguito correttamente, il cardio a digiuno può essere un'aggiunta perfetta alla tua routine di fitness. E a seconda del tipo di esercizio che esegui, puoi o meno effettuare un pasto subito dopo. Se sei fuori per una corsa mattutina lenta e costante, potresti stare bene anche molto ore dopo aver concluso l'esercizio fisico e quindi aspettare prima di mangiare nuovamente. Ma se questo ti fa sentire debole e stordita, non esitare a mangiare subito dopo aver smesso di allenarti. Come ogni volta, è necessario che tu dia al tuo corpo il tempo di adattarsi. Devi preparare il corpo per essere in grado di raggiungere queste condizioni di digiuno.

4.2.2 Yoga, sbarra e allenamenti a bassa intensità

Nei giorni in cui ti senti a corto di energia, anche e soprattutto durante il periodo iniziale del piano, gli esercizi migliori per il tuo corpo sono quelli a bassa intensità, sia in fase di digiuno che durante la finestra di alimentazione. Per quanto riguarda i piani a *D.I.* gli esercizi assolutamente indicate sono sbarra, Pilates, meditazione e possono essere tranquillamente eseguiti durante la finestra di digiuno, proprio perché come ho scritto in precedenza non essendo ad alta intensità non sovraccaricano il corpo mandandolo in deficit di energia. Con questo tipi di esercizi, come scoprirai anche tu non c'è bisogno di reintegrare una volta concluso l'allenamento come avviene al contrario con gli esercizi ad alta intensità.

4.2.3 Allenamento ad alta intensità

Se vuoi aumentare massa muscolare, è necessario assumere proteine e carboidrati raffinati, prima e dopo l'allenamento. Se stai lavorando sul tuo corpo per migliorare la massa e la resistenza, allora dovresti allenarti possibilmente appena prima di interrompere il digiuno, non certo verso la fine della tua finestra di alimentazione dove poi non puoi più reintegrare le energie. Per far lavorare bene i tuoi muscoli e raggiungere davvero gli obiettivi di sollevamento pesi o di esercizio HIIT che ti sei posta, prima di iniziare l'allenamento è consigliato assumere un po' di calorie.

Questo permetterà al tuo corpo di avere lo slancio che ti serve, ma anche in questo caso tutto si riduce a ciò che ti fa stare meglio. Devi sperimentare e bilanciare! "Quali sono i tuoi obiettivi di fitness? Come ti senti durante l'allenamento?". Se ti rendi conto di essere completamente esausta e quindi non riesci ad allenarti con successo, qualcosa non va. Fermati un secondo e raccogli le tue idee.

4.3. Programma per ottenere il massimo dal digiuno e dall'allenamento

Questo programma dipende dalle tue specifiche esigenze di digiuno e può essere regolato in base a ciò che senti funzionare meglio per te:

Lunedì: cardio seguito da una colazione ricca di proteine.

Martedì: pranzo con carboidrati complessi (ad esempio pasta, riso o patate), p.m. Allenamento pomeridiano ad alta intensità seguito dalla cena.

Mercoledì: yoga, sbarra, pilates o altri allenamenti a bassa intensità.

Giovedì: cardio seguito da una colazione ricca di proteine.

Venerdì: pranzo con carboidrati complessi, p.m. Allenamento ad alta intensità seguito dalla cena.

Sabato o domenica: yoga, sbarra, pilates o altri allenamenti a bassa intensità.

4.4. Errori di digiuno intermittente

4.4.1 Partire drasticamente con il digiuno intermittente

Iniziare in modo repentino con il *D.I.* è uno dei più grandi errori che puoi fare. Se inizi improvvisamente con il D.I. senza preparazione, ti informo che quasi sicuramente andrai incontro ad una catastrofe. Passare dal consumare tre pasti regolari o 6 pasti più piccoli al giorno a mangiare nell'arco di quattro ore, è per il tuo corpo sicuramente un cambiamento difficile.

Invece fai così! Rallenta gradualmente i tuoi pasti e accogli piano piano il digiuno. Se stai optando per il processo 16/8, estendi progressivamente le ore tra i pasti in modo da poter rientrare facilmente in un periodo di tempo di 16 ore.

4.4.2 Non scegliere il piano giusto per il digiuno intermittente

Puoi decidere quale piano intraprendere e fare acquisti al supermercato per cereali integrali, pesce, pollame, frutta, verdura e contorni nutrienti come quinoa e legumi. Ma il fatto è che se non hai selezionato la strategia di digiuno più adatta al tuo corpo e al tuo stile di via non avrai il successo che meriti. Se sei un appassionata frequentatrice di palestre sei giorni alla settimana, il digiuno assoluto per due di quei giorni potrebbe non essere il piano perfetto. Quindi piuttosto che saltare in un piano senza pensarci, valuta prima il tuo stile di vita e scegli il piano che si adatta meglio alla tua routine e al tuo comportamento.

4.4.3 Mangiare troppo nella tua finestra di alimentazione

Uno dei motivi per cui le persone vogliono provare il *D.I.* è la credenza che il poco tempo destinato a mangiare gli faccia consumare meno calorie del dovuto. Ma questo non avviene! Anche una volta iniziato il regime a D.I. non è raro constatare l'assunzione della normale quantità di calorie, con il risultato di non riuscire a perdere peso e non ottenere tutti i benefici legati a questa dieta. Per cui, anche se sembra scontato quello che stai per leggere, impegnati a non consumare la tua quantità regolare di 2000 calorie durante la tua finestra di alimentazione.

Al contrario, impegnati a mangiare da 1200 a 1500 calorie durante il periodo di tempo che va dalla colazione al tuo ultimo pasto della giornata. Molti pasti che consumerai dipenderanno dalla durata della finestra di alimentazione, che sia 4, 6 o 8 ore. Se hai davvero bisogno di mangiare di più e sei in una condizione di privazione, pensa a variare il programma che decidi di seguire, o allenta il D.I. per un giorno per rimetterti a fuoco. Tornerai in pista molto facilmente!!!

4.4.4 Mangiare cibi sbagliati nella tua finestra di alimentazione

Come l'eccesso di cibo è uno degli errori più comuni per chi intraprende il *D.I.*, un altro errore frequente è l'assunzione di cibi "cibi sbagliati". Anche in questo caso, appare scontato che non ti sentirai bene se hai durante il tuo stato di alimentazione mangi solamente cibi non equilibrati, grassi o zuccherini. Durante la tua dieta invece, dovrai assumere proteine magre, grassi sani, noci, legumi, cereali non raffinati e frutta e verdura sana.

Eccoti alcuni consigli che ti potranno essere utili per un'alimentazione sana quando non stai digiunando:

- Evita i cibi lavorati ma assumi invece cibi integrali;
- Leggi le etichette nutrizionali e acquisisci familiarità con ingredienti vietati come lo sciroppo di mais ad alto contenuto di fruttosio e l'olio di palma modificato;
- Cucina e mangia a casa invece che al ristorante;
- Bilancia il tuo piatto con fibre, carboidrati e grassi sani e proteine magre;
- Controlla l'assunzione di sodio e fai attenzione agli zuccheri nascosti.

4.4.5 Limitare le calorie nella finestra di digiuno

Non va bene diminuire le calorie ingerite più di quanto non sia necessario. Non è salutare mangiare meno di 1200 calorie durante il giorno. Non solo, ma ha il potenziale negativo per rallentare il tasso metabolico con il risultato, se non corri ai ripari subito, di iniziare a perdere massa muscolare invece di aumentarla.

4.4.6 Rompere inconsapevolmente il digiuno intermittente

È essenziale essere consapevoli degli interruttori veloci nascosti. Ti sei reso conto che anche il sapore dello zucchero fa sì che il cervello rilasci insulina? E questo rilascio di insulina, essenzialmente interrompe il digiuno. Ecco alcuni alimenti, integratori e prodotti inaspettati che possono interrompere un digiuno e innescare una risposta insulinica:

- Le vitamine, come le vitamine degli orsetti gommosi, contengono zuccheri e grassi
- Utilizzando dentifricio e collutorio contenente il dolcificante xilitolo
- Integratori che contengono additivi come maltodestrine e pectine
- Alcuni analgesici possono contenere zucchero nel rivestimento.

Rompere il digiuno è un errore comune per chi inizia a praticare il *D.I.*. Quando non ti stai alimentando, pulisci i denti con una miscela di bicarbonato di sodio e acqua e leggi attentamente le etichette prima di consumare vitamine e integratori.

4.4.7 Non bere abbastanza durante il *D.I.*

Questo piano alimentare richiede che tu rimanga idratato tanto. Tieni presente che il corpo non assorbe l'acqua che normalmente viene assorbita con il cibo. Di conseguenza, gli effetti collaterali potrebbero farti star male. Se ti disidrati, puoi provare mal di testa, crampi muscolari e fame estrema. Per evitare questo errore e soffrire dei sintomi appena descritti ricordati nel corso della giornata di assumere alcuni di questi liquidi a scelta:

- Acqua
- Acqua e 1-2 cucchiai di aceto di mele (questo potrebbe anche frenare la fame)
- Caffè nero (attenta a non esagerare)
- Tè nero, alle erbe, oolong o verde.

4.4.8 Non fare esercizio fisico durante il digiuno intermittente

Alcune persone credono che sarebbe meglio non fare esercizio fisico durante il periodo di digiuno, quando in realtà si prospetta proprio la situazione perfetta. L'esercizio fisico ti fa bruciare i grassi accumulati nel tuo corpo. Inoltre, quando ti alleni, i livelli di ormone della crescita aumentano, aiutando così la crescita muscolare. Esistono, tuttavia, alcune linee guida a cui attenersi per ottenere il massimo dagli allenamenti.

Per ottenere i migliori risultati dai tuoi sforzi, tieni a mente questi punti:

* Se il tipo di esercizio è intenso, assicurati di mangiare prima per rendere disponibili le tue riserve di glicogeno.
* Basa il tuo esercizio sul metodo del digiuno; se stai facendo un digiuno di 24 ore, non pianificare un'attività intensiva quel giorno.
* Cronometra i tuoi allenamenti durante i periodi di alimentazione e poi mangia carboidrati e proteine sani entro 30 minuti dall'esercizio.
* Ascolta i segnali del tuo corpo; se ti senti debole o stordito, fai una pausa o concludi l'allenamento.
* Rimani idratato durante il digiuno e soprattutto durante l'allenamento.

4.4.9. Essere troppo duro con te stesso se fai qualche errore durante il D.I.

Una caduta non implica il fallimento! Avrai giorni in cui seguire questo piano ti risulterà particolarmente difficile e penserai di non riuscire a tenere il passo. È perfettamente normale concedersi una pausa se necessario. E allora se succede, non preoccuparti ma concediti una tregua e riparti il giorno successivo. L'indomani attieniti al piano alimentare equilibrato, ma regalati una sorpresa come un fantastico frullato proteico o una sana bistecca e broccoli per ripartire con la giusta energia.

Non cadere nella trappola di avere il *D.I.* che prende il sopravvento su tutta la tua vita. Consideralo una componente della tua buona routine e non dimenticare di prenderti cura di te stesso in altri modi. Goditi una buona lettura, fai esercizio, trascorri più tempo con i tuoi amici e vivi nel modo più sano possibile. È solo una parte del processo per essere la versione più forte di te stessa.

Capitolo 5: Ricette

5.1. Insalata Mediterranea con Sardine

Cottura: *15 minuti*   Porzioni: *4*   Difficoltà: *Facile*

Ingredienti

- 80 g di foglie di insalata in busta
- 5 olive nere tritate grossolanamente
- 1 cucchiaio di capperi desalati
- 2 scatolette di sardine, scolate
- 1 cucchiaio di olio d'oliva
- 1 cucchiaio di aceto di vino rosso
- 1 bicchiere di salsa di pomodoro

Passi

1. Distribuisci l'insalata su 4 piatti.
2. Cospargi le olive e i capperi.
3. Spezza grossolanamente le sardine e aggiungile nell'insalata.
4. Mescolare la salsa di pomodoro con l'olio e l'aceto e condire sull'insalata.

5.2 Insalata Speziata di Pollo e Ananas

Cottura: *10 minuti*   Porzioni: *2*   Difficoltà: *Facile*

Ingredienti

- 1 peperoncino rosso senza semi e tritato
- 1 cipolla rossa piccola tagliata a metà e affettata sottilmente
- 1 cucchiaio di salsa al peperoncino dolce
- 2 cucchiai di aceto di vino bianco

- 1 lattina di ananas
- 1 busta da 90g di foglie d'insalata mista
- 1 confezione da 140 g di petto di pollo cotto e affettato
- 1 manciata di pomodorini ciliegini tagliati a metà
- 1 piccolo mazzetto di coriandolo

Passi

1. Scola il succo d'ananas e mettilo da parte e taglia a pezzetti gli anelli di ananas.
2. Se servi l'insalata come spuntino, mescola il pollo, la cipolla, le foglie, il coriandolo e i pomodori in una terrina e divide in due porzioni su due contenitori distinti.
3. Per preparare il condimento, mescola 2 cucchiaini di succo d'ananas, peperoncino rosso, aceto e salsa di peperoncino dolce in un barattolo poco profondo oppure in una bottiglia con coperchio e, prima di servire, condisci l'insalata.

5.3 Insalata di Zucca e Barbabietola con Crema Di Rafano

Cottura: *45 minuti*　　　Porzioni: *12*　　　Difficoltà: *Media*

Ingredienti

- 6 cipolle rosse affettate
- 50 ml di olio d'oliva
- 2 cucchiai di aceto di vino rosso
- 1 kg di barbabietola cruda sbucciata e tagliata in 8 spicchi
- 1 ¼ kg di zucca butternut (la zucca lunga) grande sbucciata e affettata senza semi

- 1 cucchiaio di zucchero di canna morbido

Per la Crema di Rafano

- 1 succo di limone
- 175ml di panna acida
- 3 cucchiai di crema di rafano
- 85 g di crescione, considerati togli i gambi grandi

Passi

1. Preriscalda il forno a 180°/200° C.
2. In una teglia larga, versa gli ingredienti.
3. Mescola insieme l'aceto e lo zucchero fino a completa dissoluzione dello zucchero, quindi aggiungi l'olio.
4. Versa questo condimento sopra le verdure, mescola e arrostisci il tutto per 40-45 minuti, mescolando a metà cottura, fino a quando le zucche, le cipolle e le barbabietole non saranno cotte e tenere.
5. Per preparare la crema al rafano, mescola rafano, panna acida, succo di limone in una terrina.
6. Per servire, mescola le verdure arrostite con il crescione in una ciotola capiente o su un piatto da portata, quindi condisci con la crema di rafano.
7. Puoi servire questo piatto o caldo o freddo, va bene in entrambi i modi.

5.4 Insalata di Pollo Asiatica

Cottura: *10 minuti* Porzioni: *2* Difficoltà: *Facile*

Ingredienti

- 1 cucchiaio di succo di lime con la sua scorza
- 1 grossa manciata di coriandolo tritato grossolanamente
- 1 busta da 100 g di foglie di insalata mista
- 1 cucchiaino di zucchero semolato
- 1 cucchiaio di salsa di pesce
- 1 petto di pollo disossato senza pelle
- ½ peperoncino privo di semi e affettato sottilmente
- 1 cipolla rossa
- ¼ cetriolo affettato per il lungo

Passi

1. Metti il pollo in una pentola di acqua fredda, quindi porta a ebollizione e fai sobbollire per 10 minuti.
2. Togli la carne dalla pentola e sminuzzala.
3. Mescola la scorza di lime, la salsa di pesce, il succo e lo zucchero finché lo zucchero non si sarà sciolto.
4. In un contenitore, mescola le foglie di insalata e il coriandolo, quindi versaci sopra il pollo, il peperone, la cipolla e il cetriolo.
5. Salta l'insalata con tutto il condimento in un'altra padella fino al momento di servire.

5.5 Insalata Di Cobb con Salsa Brown Derby

Cottura: *30 minuti*   Porzioni: *2*   Difficoltà: *Facile*

Ingredienti

- 1/2 tazza di formaggio erborinato sbriciolato
- 2 cucchiai di erba cipollina tritata finemente
- 3 uova sode
- 1 avocado sbucciato tagliato a metà e senza semi
- 1 mazzetto di cicoria
- ½ cespo di lattuga romana
- 250 g di petto di tacchino affumicato
- 2 pomodori medi spellati e senza semi
- ½ cespo di lattuga iceberg
- ½ mazzetto di crescione

Condimento

- 2 spicchi d'aglio tritato finemente
- 2 cucchiai di olio d'oliva
- 1/8 cucchiaini di senape di Digione
- ½ cucchiaino di pepe nero macinato fresco
- 1 cucchiaio di succo di limone fresco
- 2 cucchiai di aceto balsamico o aceto di vino rosso
- ½ cucchiaini di salsa Worcestershire
- 3/4 cucchiaini di sale kosher
- 1/8 cucchiaino di zucchero
- 2 cucchiai d'acqua

Passi

1. Sminuzza tutte le verdure molto molto finemente, devono essere quasi tritate. Disponile in fila in un'insalatiera.
2. Taglia a metà i pomodori e tritali molto finemente.
3. Taglia a dadini il tacchino, l'avocado, le uova e la pancetta.
4. Disponi tutti questi ingredienti, compreso il gorgonzola, in fila lungo le lattughe. Condisci con l'erba cipollina.
5. Porta a tavola il piatto preparato in questo modo e condisci all'ultimo minuto.
6. PER IL CONDIMENTO: Unisci tutti gli ingredienti tranne l'olio d'oliva in un frullatore ed inizia a frullare. Lentamente, con il frullatore in funzione, aggiungi l'olio. Conserva in frigorifero.
7. NOTA: questo piatto deve essere mantenuto freddo e servito il più freddo possibile accompagnato con del pane fresco.
8. Alla fine mescola l'erba cipollina e il formaggio a pasta molle adagiando il composto sopra il Pilaf.

5.6 Gnocchi Mediterranei

Cottura: *5 minuti* Porzioni: 2 Difficoltà: *Facile*

Ingredienti

- 1 busta di gnocchi freschi
- 250 g di verdure miste grigliate - peperoni, melanzane, zucchine e pomodori secchi
- 2 cucchiai di pesto rosso
- 3 o 4 foglie di basilico

- parmigiano grattuggiato

Passi

1. In una grande pentola, metti a bollire dell'acqua salata. Non appena l'acqua bolle, aggiungi gli gnocchi e cuoci per 2 minuti.
2. Quando gli gnocchi salgono in superficie, scolali e rimettili nella pentola insieme ad un goccio di acqua di cottura.
3. Aggiungi le verdure, tagliate a pezzetti, il pesto rosso e il basilico.
4. Servi dopo aver spruzzato con il parmigiano,

5.7 Pasta Mediterranea al Basilico

Cottura: 30 *minuti*   Porzioni: *4*   Difficoltà: *Facile*

Ingredienti

- Circa 350 g di pasta
- 1kg di pomodorini ciliegini tagliati in quattro
- 2 peperoni rossi tagliati a pezzetti e senza semi
- 2 peperoncini rossi tagliati a dadini e senza semi
- 2 cipolle rosse tagliate a spicchi
- 3 spicchi d'aglio tritati
- 2 cucchiai di olio d'oliva
- 1 cucchiaino di zucchero
- 5 o 6 foglie di basilico fresco
- parmigiano grattugiato

Passi

1. Preriscalda il forno a 180°/200° C.
2. Disponi i peperoni, i peperoncini, le cipolle e l'aglio in una teglia abbastanza capiente. Spolvera con lo zucchero e condisci con olio, sale e pepe.
3. Inforna per 18 minuti, dopodiché aggiungi i pomodori e cuoci per altri 15 minuti fino a quando non appare una leggera doratura.
4. Nel frattempo cuoci la pasta in una grande pentola con acqua salata.
5. Togli le verdure dal forno e versa la pasta nella teglia mescolando leggermente.
6. Servi cospargendo le foglie di basilico spezzate e il parmigiano.

5.8 Riso al Pomodoro e Basilico

Cottura: *25 minuti*　　　Porzioni: *4*　　　Difficoltà: *Facile*

Ingredienti

- 1 cucchiaio di burro
- 1 cucchiaio di olio d'oliva
- 3 scalogni marroni affettati finemente
- 1 gambo di sedano finemente tagliato a dadini
- 300 g di riso arborio
- 125 ml di vino bianco
- 1,25 litri di brodo leggero di pollo o vegetale
- 2 zucchine a dadini sottili
- 2 grandi pomodori rossi maturi
- 1 cucchiaio di extra vergine
- olio d'oliva

- sale marino e pepe
- 2 cucchiai di foglie di basilico per servire
- parmigiano grattugiato fresco, per servire1 pizzico di salsa al peperoncino

Passi

1. In una grande pentola con il fondo molto spesso, sciogli il burro e l'olio ed unisci anche lo scalogno, il sedano mescolando ad ammorbidimento.
2. Aggiungi il riso e mescola lentamente fino a quando non sarà tutto omogeneo.
3. Sempre mescolando, aggiungi ora il vino bianco e fai bollire fino ad assorbimento per circa 2 minuti
4. Aggiungere tutto tranne un mestolo di brodo e porta ad ebollizione.
5. Metti il fuoco al minimo, copri e fai cuocere dolcemente per circa 18 minuti.
6. Dopodiché aggiungi il brodo rimasto e le zucchine tagliate a dadini. Fai andare per altri 5 minuti.
7. Taglia a metà i pomodori, elimina i semi quindi taglia tutto a dadini.
8. Alla fine aggiungi i pomodori e condisci con olio d'oliva, sale e pepe. Prima di servire cospargi con foglie di basilico e parmigiano grattugiato.

5.9 Pilaf ai Funghi e Limone

Cottura: *30 minuti*   Porzioni: *4*   Difficoltà: *Facile*

Ingredienti

- 1 succo di limone con la sua scorza
- 1 cipolla affettata
- spicchi d' aglio
- 1 mazzetto di erba cipollina tagliata
- 200 g di riso misto basmati e riso selvatico
- 300 g di funghi misti a fette
- 500 ml di brodo vegetale
- - 6 cucchiai di formaggio morbido leggero mischiato con aglio ed erbe   aromatiche

Passi

1. In una padella antiaderente, scalda 2 cucchiaini di brodo, e soffriggi le cipolle per 5 minuti ammorbidendole.
2. Se si asciuga troppo aggiungi una spruzzata di brodo e cuoci per altri 2 minuti dopo aver aggiunto i funghi e l'aglio.
3. Mescola il riso, la scorza di limone e il succo e porta a ebollizione il brodo rimanente, insieme ai condimenti.
4. Fatto questo riduci la fiamma al minimo, copri e cuoci per 25-30 minuti finché il riso non si è ammorbidito.

5.10 Pilaf al Pepe Speziato

Cottura: *50 minuti*   Porzioni: *8*   Difficoltà: *Facile*

Ingredienti

- 1 cipolla tritata finemente
- 1 cucchiaio di olio vegetale
- 1 cucchiaino di garam masala

- 1 cucchiaino di cumino macinato
- 1 cucchiaino di passata di pomodoro
- 140 g di lenticchie rosse lavate e scolate
- 1 cm di zenzero tritato finemente
- 2 spicchi d'aglio schiacciati
- 200 g di foglie di spinaci tritate
- 200g di riso basmati
- 2 peperoni
- 850 ml di brodo vegetale
- 1 manciata di foglie di menta tritate

Passi

1. In una grande casseruola con un filtro, scaldare l'olio.
2. Cuoci per 5 minuti fino a quando l'aglio, la cipolla e lo zenzero si saranno ammorbiditi.
3. Aggiungi le spezie e la passata di pomodoro e fai andare a fuoco vivo per un altro minuto.
4. Versa e mescola tutto il brodo fino a ricoprire completamente il riso e porta a bollore.
5. Unisci le lenticchie, copri e cuoci a fuoco basso per 15 minuti.
6. Mescola gli spinaci con la menta in una ciotola e mescola.
7. Ora rimuovi le parti superiori di ogni peperone con un coltello affilato ed elimina tutti i semi. Taglia leggermente il fondo in modo che rimangano in posizione verticale.
8. Riempi ogni peperone con il composto di riso e copri con il coperchio.
9. Inforna subito o congela ben avvolti in pellicola trasparente o in buste di alluminio. Per consumarli in un'altra occasione.
10. Se si utilizzano peperoni congelati, scongelali completamente prima della cottura. Preriscalda il forno a 180°C/200°C.

11. Metti i peperoni su una teglia (leggermente oliata) e cuoci per 25-30 minuti.
12. Condisci un'insalata verde con cetriolo, erbe aromatiche e un cucchiaio di yogurt prima di servire.

5.11 Pilaf di Carote e Coriandolo

Cottura: *30 minuti*   Porzioni: *4*   Difficoltà: *Facile*

Ingredienti

- 1 cucchiaio di burro
- 1 cucchiaio di olio vegetale
- 1 cipolla piccola tagliata finemente
- 1 cucchiaio di semi di senape
- 1 cucchiaino di coriandolo macinato
- 1 cucchiaino di semi di coriandolo
- 1 cucchiaino di curcuma
- 1 cucchiaino di semi di cumino
- 250 g di riso basmati risciacquato
- 250 g di carota grattugiata
- 500 ml di acqua
- 1 limone, in quarti
- 1 cucchiaino di sale

Passi

1. In una casseruola con coperchio scalda l'olio e cuoci la cipolla. Aggiungi tutte le spezie e attendi 1 minuto, prima di aggiungere la carota grattugiata.
2. Versa l'acqua, il riso e il sale e porta a ebollizione, mescolando.
3. Metti il fuoco al minimo, copri bene la casseruola e fai sobbollire per circa 15 minuti.

4. Quando pronto, lascia riposare per 5 minuti coperto e poi servi con gli spicchi di limone e il coriandolo fresco.

5.12 Zuppa Speziata con Lenticchie e Carote

Cottura: *15 minuti*   Porzioni: *4*   Difficoltà: *Facile*

Ingredienti

- 125 ml di latte scremato
- 140 g di lenticchie rosse spezzettate
- 2 cucchiai di olio d' oliva
- 2 cucchiaini di semi di cumino
- 600g di carote grossolanamente grattugiate ma non sbucciate
- 1 Cubetto di brodo vegetale
- 1 pizzico di peperoncino in scaglie
- Yogurt bianco e pane Naan

Passi

1. In una grande casseruola versa 2 cucchiaini di semi di cumino e un pizzico di peperoncino e friggi a secco per 1 minuto, oppure spegni il fuoco un attimo prima che inizino a saltare e a sprigionare i loro aromi.
2. Con un cucchiaio, raccogli circa metà del composto e mettilo da parte.
3. Ora nella stessa casseruola versa 2 cucchiai di olio d'oliva, 600 g di carote grattugiate a fette sottili, 140 g di lenticchie rosse spezzate, 1 litro di brodo vegetale caldo e 125 ml di latte e porta il tutto a ebollizione.

4. Cuoci per 15 minuti finché le lenticchie non si saranno ammorbidite e scurite.

5. Usando un frullatore ad immersione o un robot da cucina, frulla la zuppa fino a renderla cremosa. Se preferisci, lasciala a pezzi.

6. Condisci a piacere, quindi completa il piatto con una cucchiaiata di yogurt e una spolverata di spezie tostate precedentemente messe da parte.

7. Usa il Naan o del pane caldo come accompagnamento.

5.13 Zuppa di Broccoli e Cavolo Verde

Cottura: *20 minuti*　　　Porzioni: *2*　　　Difficoltà: *Facile*

Ingredienti

- ½ cucchiaino di coriandolo macinato
- 1 lime sbucciato e spremuto
- 1 cucchiaio di olio di semi di girasole
- 100 g di cavolo nero tritato
- 2 spicchi d' aglio a fette
- 200 g di zucchine a fette grossolane
- 1 pezzo di radice di curcuma da 3 cm grattugiata
- 1/2 cucchiaino di curcuma macinata
- 500 ml brodo formato mescolando 1 cucchiaio di brodo in polvere in una brocca di acqua bollita
- 85 g di broccoli
- 1 pizzico di sale rosa dell'Himalaya
- 1 ciuffo di prezzemolo tritato grossolanamente, conserva un po' di foglie intere per la guarnizione del piatto

- 1 pezzo di zenzero affettato delle dimensioni di un pollice

Passi

1. In una padella profonda riscalda l'olio e aggiungi lo zenzero, l'aglio, la curcuma, il coriandolo e il sale.
2. Cuoci per 2 minuti a fuoco medio, quindi aggiungi 3 cucchiai d'acqua per inumidire le spezie.
3. Incorpora le zucchine, assicurandoti che siano ben ricoperte di tutti gli ingredienti, quindi cuoci per altri 9 minuti.
4. Adesso aggiungi 400 ml di brodo e fai cuocere a fuoco lento per altri 3 minuti.
5. Versa il brodo rimanente sul cavolo nero, i broccoli e il succo di lime. Cuoci ancora 3 o 4 minuti o fino a quando tutte le verdure si sono intenerite.
6. Togli la padella dal fuoco e aggiungi il prezzemolo tritato.
7. Frulla tutto in un frullatore ad alta potenza fino a che non diventa tutto uniforme.
8. Se lo desideri utilizza la scorza di lime e il prezzemolo come guarnizione.

5.14 Zuppa Cremosa di Zucca e Lenticchie

Cottura: *35 minuti*   Porzioni: *4*   Difficoltà: *Facile*

Ingredienti

- 1 pizzico di sale e zucchero
- circa 800 g di polpa di zucca tritata, mantieni anche i semi

89

- 50 g di panna acida. Mi raccomando conservane un po' per la guarnizione.
- 2 cipolle tritate
- 2 spicchi d'aglio tritati
- 1 l di brodo vegetale
- 100 g di lenticchie rosse spezzate
- 2 cucchiaio di olio d'oliva
- ½ bustina di timo, in foglie raccolte

Passi

1. In una padella grande, scalda l'olio. Friggi le cipolle fresche fino a quando non sono completamente ammorbidite e dorate.
2. Versa il brodo caldo dopo averlo mescolato con l'aglio, la polpa di zucca, le lenticchie e il timo.
3. Condisci con sale e pepe, copri la padella e cuoci per 20-25 minuti fino a complete ammorbidimento delle verdure.
4. Nel frattempo, pulisci i semi di zucca, elimina ogni residuo di polpa, quindi asciugali con carta da cucina.
5. In un'altra padella antiaderente, scalda 1 cucchiaino di olio e friggi i semi finché non saltellano e scoppiettano. Ricordati di mescolare continuamente, ma copri la padella mentre mescoli, per mantenere gli ingredienti protetti.
6. Aggiungi un tocco di zucchero e una spolverata di sale quando i semi appaiono nocciolati e tostati, e mescola bene.
7. Monta il composto di zucca cotto con un frullatore a immersione o in un robot da cucina fino a che liscio, quindi aggiungere la panna acida e frullare di nuovo. Condisci a piacere.
8. Guarnisci con un ciuffo di panna acida, una manciata di semi tostati e qualche foglia di timo.

5.15 Zuppa Di Ceci alla Marocchina

Cottura: *20 minuti* Porzioni: *4* Difficoltà: *Facile*

Ingredienti

- ½ succo di lime con la sua scorza
- 1 grossa manciata di coriandolo o prezzemolo
- 1 focaccia per servire
- 600ml di brodo vegetale
- 1 lattina da 400 g di pomodorini con aglio tritato
- 400 g di ceci sciacquati e scolati
- 2 cucchiaini di cumino macinato
- 2 coste di sedano tritate
- 100 g di fave surgelate
- 1 cucchiaio di olio d'oliva
- 1 cipolla tritata

Passi

1. In una grande casseruola, scalda l'olio e soffriggi dolcemente la cipolla e il sedano per 10 minuti, mescolando continuamente.
2. Aggiungi il cumino e cuoci per un altro minuto.
3. Alza la fiamma al massimo e aggiungi il brodo, i pomodori e i ceci, insieme a una generosa manciata di pepe nero e cuoci per 8 minuti.
4. Dopo aver aggiunto le fave e il succo di limone cuoci per altri 2 minuti.
5. Aggiusta di sale e pepe, quindi guarnisci con la scorza di limone e le erbe aromatiche tritate.
6. Questo piatto è ottimo se accompagnato da una piadina.

5.16 Zuppa di Pomodori alla Mediterranea

Cottura: *40 minuti*   Porzioni: *4*   Difficoltà: *Facile*

Ingredienti

- 1 dado di brodo vegetale a ridotto contenuto di sale
- 2 cucchiai di aglio tritato
- 400g di pomodoro a pezzetti
- 400g di verdure miste grigliate surgelate (melanzane, cipolle, peperoni, zucchine)
- 50g di ricotta a persona mescolata con erba cipollina e basilico, spalmata su una fetta di pane di segale
- 1 manciata di foglie di basilico

Passi

1. In una grande padella antiaderente scalda metà delle verdure insieme all'aglio a fuoco vivo mescolando continuamente finché non iniziano ad ammorbidirsi. Dovrebbero bastare circa 5 minuti.
2. Aggiungi il basilico, le cipolle, il dado per brodo e 2 bicchieri d'acqua e frulla il composto con un frullatore a immersione fino a renderlo il più uniforme possibile.
3. Aggiungi l'altra metà di verdure surgelate, copri e cuoci per altri 15-20 minuti. Versa nei piatti da portata.
4. Spalma la ricotta alle erbe sul pane di segale e servi.

5.17 Chunky Butternut Mulligatawny

Cottura: *40 minuti*   Porzioni: *6*   Difficoltà: *Facile*

Ingredienti

- 1 ciuffo di prezzemolo piccolo tritato
- 1 vasetto di yogurt naturale
- 3 coste di sedano tritate finemente
- 2-3 cucchiai colmi di curry in polvere senza glutine
- 2 scatolette da 400 g di polpa di pomodoro
- 2 cucchiai di olio di oliva o di colza
- 2 cipolle tritate finemente
- 2 mele da dessert sbucciate e tritate finemente
- 140g di riso basmati
- 1 cucchiaio di semi di nigella, nota anche come cipolla nera o semi di kalonji
- 1 cucchiaio di cannella in polvere
- ½ chilo di pollo o brodo vegetale senza glutine
- ½ piccola zucca butternut sbucciata, tagliata a pezzetti e senza semi
- Se lo preferisci preparati 3 cucchiai di chutney di mango

Passi

1. In una grande casseruola, scalda l'olio. Con una spolverata di farina, unisci le carote, le mele e il sedano e poi cuoci mescolando per 10 minuti.
2. Mescola la zucca, la cannella, i semi di nigella, il curry in polvere e il pizzico di pepe nero in una ciotola e cuoci per altri 2 minuti.

3. Aggiungi i pomodori e il brodo e cuoci per altri per 15 minuti con il coperchio. In questa fase le verdure devono risultare morbide ma non molli.
4. Mescola il riso, copri e continua a cuocere per altri 12 minuti. Se necessario, aggiustate di sale e pepe.
5. Mescola il chutney di prezzemolo e mango, quindi servi in ciotole con chutney di mango extra e yogurt.

5.18 Acquacotta

Cottura: *40 minuti*   Porzioni: *4-6*   Difficoltà: *Facile*

Ingredienti

- 1 cipolla rossa tritata finemente
- 2 spicchi d' aglio tritati finemente
- 2 carote piccole tritate
- 2 cucchiai di prezzemolo tritato
- 2 cucchiaini di foglie di timo, più un altro po' da usare per la guarnizione
- 225 g di pomodori datterini privati dei semi e tritati
- 3 gambi di sedano tritato
- 3 fette di pane croccante tostato e tagliato a pezzi
- 3 cucchiai di olio d'oliva
- 50g di funghi porcini secchi
- 6 uova
- 850ml di brodo di pollo

Passi

1. In una grande casseruola, scalda l'olio d'oliva e cuoci a fuoco lento il sedano, la cipolla, l'aglio, le carote e il timo per circa 10-15 minuti.

2. Nel frattempo metti a bagno i porcini per 15 minuti in acqua calda finché non si saranno ammorbiditi e gonfiati.

3. A questo punto scola i funghi e tagliali finemente, conservando il succo in eccesso.

4. Ora versa i funghi e il succo in eccesso nella casseruola e cuoci per altri 5 minuti.

5. Aggiungi i pomodori e cuoci tutto insieme per 10 minuti dopodiché aggiungi il brodo e porta a ebollizione lenta.

6. In un'altra grande casseruola, cuoci le 6 uova in camicia. Ricorda l'acqua deve sobbollire.

7. Aggiungi il prezzemolo e un pizzico di sale e pepe.

8. Distribuisci la zuppa in 6 ciotole insieme a dei pezzi di pane abbrustolito e guarnisci ciascuna ciotola con un uovo.

9. Servi con una spolverata di timo fresco.

5.19 Torta di Verdure alla Griglia con Feta

Cottura: *40 minuti*   Porzioni: *4*   Difficoltà: *Facile*

Ingredienti

- 1 melanzana affettata
- 1 cucchiaino di origano secco
- 10-12 pomodorini tagliati a metà
- 2 zucchine a fette

- 2 cipolle rosse tagliate in spicchi grossi
- 2 cucchiai di olio d'oliva
- 3 grandi fogli di pasta fillo
- 85 g di formaggio feta sbriciolato
- 1 filo di aceto balsamico
- 1 grande sacchetto di foglie di insalata mista

Passi

1. Preriscalda il forno a 350°F 180° e posiziona all'interno una teglia da 33 x 23 cm.
2. Abbrustolisci per bene le melanzane in una padella antiaderente con circa 1 cucchiaino di olio, quindi sbucciarle. Se lo desideri, con un po' di olio in più, fai la stessa cosa anche con le zucchine e con le cipolle.
3. Estrai la teglia dal forno e ungila leggermente. Spennella un grande foglio di fillo con olio, sovrapponi un altro foglio, irrora con altro olio e ripetere con un ulteriore foglio finale.
4. Metti la pasta sul vassoio caldo e premila delicatamente negli angoli.
5. Disponi sopra la pasta fillo le verdure grigliate e condiscile con sale e pepe. Versa l'aceto e l'olio rimasto sui pomodori, con il taglio rivolto verso l'alto. Cospargi sopra l'origano e la feta sbriciolata. Cuoci per circa 20 minuti, o fino a quando saranno dorati e croccanti. Servi con le foglie di insalata frullate che sono state condite.

5.20 Torta di funghi, spinaci e patate

Cottura: *45 minuti*   Porzioni: *4*   Difficoltà: *Facile*

Ingredienti

- 300 g di fagiolini e broccoli al vapore
- 2 cucchiai colmi di panna acida light
- 3 fogli di pasta fillo
- 1 cucchiaio di senape in grani
- 1 cucchiaino di noce moscata appena grattugiata
- 250 ml di brodo vegetale ottenuto da mezzo dado di brodo vegetale a basso contenuto di sodio
- 300 g di patate novelle cotte, tagliate a pezzetti
- 500 g di funghi, come prataioli, chiodini e champignon
- 2 spicchi d'aglio schiacciati
- 400 g di spinaci novelli
- 1 cucchiaio di olio d'oliva

Passi

1. Riscalda il forno a 180°/200° C. Fai appassire gli spinaci in uno scolapasta versandovi sopra una mezza pentola di acqua calda.
2. Scalda metà dell'olio in una larga padella antiaderente e friggi i funghi a fuoco vivo fino a doratura.
3. Ora aggiungi l'aglio e cuoci per 1 minuto, infine aggiungi il brodo, la senape, la noce moscata e le patate.
4. Fai bollire il tutto per qualche minuto fino a quando non si sarà ridotto.
5. Condisci e togli dal fuoco aggiungendo la panna acida e gli spinaci.
6. Versa il composto così ottenuto in una pirofila e lascia raffreddare per qualche minuto.

7. Spennella il fillo con l'olio rimanente, quindi arrotola leggermente e adagia sopra il ripieno della torta.
8. Inforna per 20-25 minuti fino a doratura. Servi la torta insieme alle verdure.

5.21 Paillard di Pollo con Limone ed Erbe Aromatiche

Cottura: *20 minuti*   Porzioni: *6*   Difficoltà: *Facile*

Ingredienti

- ½ cucchiaio di aceto balsamico
- 140g di rucola in busta
- 2 cucchiai di olio d'oliva
- 25 g di parmigiano
- 4 petti di pollo senza pelle
- Spicchi di limone

Per la marinata

- 2 spicchi d' aglio
- 3 rametti di rosmarino foglie tritate finemente
- foglie di salvia finemente tritate
- 1 succo di limone con la sua scorza
- 3 cucchiai di olio d' oliva

Passi

1. Inserisci ogni petto di pollo tra due fogli di pellicola trasparente o carta da forno. Appiattisci ogni pezzo di pollo con un batticarne o un mattarello fino a ottenere uno strato

uniforme di circa 0,5 cm di spessore. Metti in una ciotola da portata.

2. Per creare la marinata, macina l'aglio insieme ad un pizzico di sale. Per aiutarti usa pure un mortaio e un pestello. Aggiungi il rosmarino e la salvia e pesta tutto insieme.

3. Unisci il succo di limone, l'olio d'oliva e il pepe nero macinato fresco in una tazza.

4. Versa la marinata sul pollo ed assicurati che sia completamente coperto. A questo punto metti tutto in frigorifero per almeno 2 ore.

5. Preriscalda il barbecue, aggiungi i carboni e cuoci per 1-2 minuti su entrambi i lati del pollo. Quando sono pronti spostali su un tagliere e fai raffreddare per qualche minuto.

6. In una tazza grande, unisci l'olio e l'aceto balsamico. Aggiusta di sale e pepe e aggiungi la rucola. Mescola il tutto, quindi spargi sopra il parmigiano.

7. Servi l'insalata con pollo e spicchi di limone da spremere.

5.22 Pollo spagnolo con aglio e alloro fresco

Cottura: *40 minuti*   Porzioni: *4*   Difficoltà: *Facile*

Ingredienti

- 2 petti interi e 2 cosce di pollo interi
- 4 cucchiai di olio di oliva
- 6 foglie di alloro fresche

- 2 bulbi di aglio
- 1 bicchierino di Sherry

Passi

1. Taglia a metà i petti di pollo. Condisci il pollo con il sale.
2. In una casseruola grande, profonda con il fondo spesso e con un coperchio a chiusura ermetica, scaldare l'olio. Soffriggi gli spicchi d'aglio a fuoco medio e quando diventano leggermente dorati, toglili e mettili da parte. Friggi il pollo fino a doratura su tutti i lati, circa 5 minuti per ogni pezzo. Elimina il grasso in eccesso.
3. Reinserisci l'aglio nella pentola insieme all'alloro e versa lo Sherry.
4. Aggiungi un po' d'olio e fai sobbollire per circa due minuti girando il pollo di continuo nella sua salsa.
5. Ora aggiungere ½ tazza d'acqua, chiudi la pentola con il coperchio e cuoci a fuoco lento per 4 minuti. Le cosce ci metteranno più tempo a cuocere, quindi appena i petti di pollo sono pronti toglili e mettili da parte.
6. Continuare a cucinare il pollo rimanente finché necessario, aggiungendo eventualmente acqua alla salsa. Dopodiché reinserisci i petti di pollo per farli scaldare.
7. Servire con pilaf e verdure di stagione. Termina la tua festa con la torta spagnola di mele cotogne e mandorle di Neil Perry.

5.23 Ananas con Gamberi Tailandesi e Fagiolini

Cottura: *15 minuti*   Porzioni: *2*   Difficoltà: *Facile*

Ingredienti

- 1 cucchiaio di olio vegetale
- 100 g di ananas fresco tagliato a pezzi
- 100g di fagioli verdi
- 100g di pomodori ciliegini
- 2 gambi di citronella, rimuovi le foglie esterne più dure e trita finemente tutto il resto
- 200 g di gamberoni crudi
- 1 piccolo pacchetto di foglie di basilico thailandese o se non lo trovi delle foglie di basilico normale
- 1 pezzo di zenzero tritato delle dimensioni di un pollice

Per la salsa

- 2 cucchiai di brodo di pollo
- 1 cucchiaio di salsa di pesce
- 1 cucchiaio di zucchero di canna
- 1 cucchiaio di succo di lime e spicchi di lime

Passi

1. Mescola gli ingredienti della salsa in una piccola ciotola e mettili da parte.
2. Scalda l'olio in un grande wok. Soffriggi la citronella e lo zenzero fino a doratura.
3. Aggiungi l'ananas, i fagioli e i pomodorini e salta in padella per 3-5 minuti fino a quando i fagioli sono appena cotti.
4. Aggiungi i gamberi e la salsa. Salta in padella per altri 3-5 minuti fino a quando i gamberi sono cotti, quindi aggiungi la maggior parte delle foglie di basilico.
5. Servi con spicchi di lime e le restanti foglie di basilico sparse sopra.

5.24 Involtini di Salmone Teriyaki

Cottura: *20 minuti*   Porzioni: *4*   Difficoltà: *Facile*

Ingredienti

- 2 cucchiai di salsa di soia a basso contenuto di sale
- 1 cucchiaio di miele chiaro
- 1 spicchio d' aglio tritato finemente
- 1 cucchiaio di olio di girasole
- 300 g di broccoletti teneri
- 4 × 100 g di filetti di salmone
- 1 piccolo pezzo di zenzero tagliato a bastoncini
- 3 cipolle affettate e tostate con semi di sesamo
- Riso cotto per servire

Facoltativo:

- Un po' di olio di sesamo
- 1 cucchiaio di salsa Teriyaki

Passi

1. Prepara la marinata e la salsa. Metti da parte una ciotolina contenente la salsa di soia, il burro, l'aglio e il mirin.
2. Taglia 4 quadrati di carta stagnola, ciascuno di circa 30 centimetri quadrati, con le forbici. Spennella un po' d'olio su ogni foglio di carta e solleva leggermente i bordi.
3. Adagia sopra ogni foglio dei gambi di broccolo, poi un filetto di salmone e sopra lo zenzero.
4. Versa la salsa di soia su ogni filetto di salmone e condisci il tutto con olio di sesamo.
5. Sigilla i pacchi, piegando insieme i bordi della pellicola e disponili su una teglia. Puoi prepararli anche il giorno prima.

6. Preriscalda il forno a 200 ° C e fai cuocere i cartocci per 15-20 minuti, poi scolali e lasciali raffreddare per qualche minuto.
7. Posiziona ogni pacchetto aperto su un piatto. Servi con riso a parte e una spolverata di cipollotti e semi di sesamo.

5.25 Branzino Con Zenzero Sfrigolato al Peperoncino e Cipolline

Cottura: *30 minuti*   Porzioni: *6*   Difficoltà: *Facile*

Ingredienti

- 6 filetti di branzino, 140g/5oz ciascuno con pelle e squame
- 3 cucchiai di olio di girasole
- 1 grande noce di zenzero sbucciata e sminuzzata in fiammiferi
- 3 spicchi d'aglio affettati sottilmente
- 3 peperoncini rossi freschi senza semi e tritati finemente
- 1 mazzetto di cipollotti tagliati per lungo
- 1 cucchiaio di salsa di soia

Passi

1. Sala e pepa i 6 filetti di branzino, quindi incidi tre volte la pelle.
2. Scalda 1 cucchiaio di olio di semi di girasole in una padella dal fondo pesante.
3. Quando l'olio è caldo, friggi i filetti di branzino tenendo la pelle rivolta verso il basso per 5 minuti o fino a quando la pelle è non diventa croccante e dorata. Il pesce sarà quasi completamente cotto.
4. Gira e cuoci per 1 minuto e mezzo quindi trasferisci il pesce su un piatto da portata. Dovrai friggere i filetti di branzino 2 volte.

5. In una grande padella, scalda 2 cucchiaini di olio di semi di girasole e soffriggi la grossa noce di zenzero sbucciato, i 3 spicchi d'aglio e i 3 peperoncini rossi fino alla loro doratura.

6. Togli la padella dal fuoco e aggiungi i cipollotti tritati.

7. Metti 1 cucchiaio di salsa di soia sul pesce e versaci sopra il contenuto della padella.

5.26 Tonno alla Marocchina

Cottura: 10 *minuti*   Porzioni: *4*   Difficoltà: *Facile*

Ingredienti

- 3 spicchi d'aglio schiacciati
- ½ cucchiaino di paprika
- ½ cumino macinato
- ½ peperoncino in polvere
- alcune foglie e gambi coriandolo
- 1 succo di limone
- Circa mezzo bicchiere di olio di oliva
- 4 tranci di tonno fresco da 200g, spesso circa 2,5 cm

Passi

1. Metti tutte le spezie insieme all'aglio ed al limone in un frullatore e riduci ad una purea. Aggiungi lentamente l'olio d'oliva fino ad ottenere una salsa leggermente densa. Fai riposare.

2. Metti il tonno in un piatto di ceramica e cospargili di salsa. Copri con della pellicola e fai marinare in frigo fino a 4 ore.

3. Togli la marinata in eccesso, condisci il tonno, e cuoci per 3 minuti per lato su una griglia rovente.
4. Prima di servire cospargere il tonno con la salsa rimanente.

5.27 Mama's Supper Club Tilapia al Parmigiano

Cottura: *35 minuti*   Porzioni: *4*   Difficoltà: *Fаcile*

Ingredienti

- 1 pizzico di salsa al peperoncino
- ¼ cucchiaino di basilico essiccato
- ¼ cucchiaino di sale per condimento
- 3 cucchiai di cipolle verdi tritate finemente
- 3 cucchiai di maionese
- 4 cucchiai di burro a temperatura ambiente
- ½ tazza di parmigiano grattugiato
- 2 cucchiai di succo di limone
- 1 kg di filetto di tilapia, qui se vuoi puoi sostituire il pesce con merluzzo o dentice

Passi

1. Preriscalda il forno a 180° C. Disponi i filetti in un unico strato in una teglia imburrata da 33x22 cm o in una teglia per gelatine. I filetti non devono essere messi uno sopra l'altro.
2. Spennella la parte superiore con il succo.
3. In una ciotola, unisci burro, maionese, formaggio, cipolle insieme agli altri condimenti e mescola il tutto con una forchetta.
4. Cuoci il pesce per 10-20 minuti.

5. Distribuisci sopra il pesce il composto di formaggio e cuoci altri fino a doratura.
6. Il tempo necessario per arrostire il pesce dovresti calcolarlo dal suo spessore, per cui tienilo sempre d'occhio per assicurarti che non si cuocia troppo.
7. NOTA: puoi cucinare questo pesce anche in una griglia per almeno 5 o 6 minuti, dopodiché adagia il formaggio e fai andare la cottura finché non sarà dorato.

5.28 Frittata di Ricotta, Pomodoro e Spinaci

Cottura: *35 minuti*   Porzioni: *4*   Difficoltà: *Facile*

Ingredienti

- 1 cucchiaio di olio d'oliva
- 1 cipolla grande a fette
- 300 g di pomodorini ciliegini
- 100 g di spinaci
- 1 manciata di foglie di basilico
- 100 g di ricotta
- 6 uova sbattute
- Insalata per servire

Passi

1. Preriscalda il forno a 180°/200° C.
2. In una grande padella antiaderente, scalda l'olio e soffriggi la cipolla per circa 5-6 minuti.
3. Per ammorbidire i pomodori, mettili in padella per 1 minuto.

4. Spegni il fuoco e adagia all'interno della padella le foglie di spinaci ed il basilico per farli appassire un po'.
5. In una teglia rettangolare oliata di 30 × 20 cm, mescola tutti gli ingredienti.
6. Distribuisci la ricotta sopra alle verdure in piccole palline.
7. Condisci le uova e sbattile bene prima di versarle sulle verdure e sul formaggio.
8. Cuoci il tutto per 20-25 minuti in forno o fino a quando non sarà leggermente dorato. Servi insieme all'insalata.

5.29 Frittata di Spinaci e Peperoni

Cottura: *40 minuti*   Porzioni: *4*   Difficoltà: *Facile*

Ingredienti

- 5 uova grandi
- 300 g di ricotta a basso contenuto di grassi
- 225 g di spinaci in foglia surgelati spremuti, scongelati e tritati finemente
- 2 peperoni rossi arrostiti tagliati a listarelle
- 15 g di parmigiano o qualsiasi alternativa vegetariana grattugiato finemente
- 100g di pomodorini interi
- 1 spicchio d'aglio tritato finemente
- 1 bel po' di noce moscata grattugiata

Passi

1. Preriscalda il forno a 170°/190°C. Se la tortiera ha un bordo allentato, foderala con un foglio di carta da forno.

2. In una grande tazza, sbatti insieme le uova, l'aglio, la ricotta, metà del parmigiano, gli spinaci, la noce moscata, e il pepe nero.
3. Riempi a metà la teglia con il composto, quindi guarnisci con i pomodori e il parmigiano avanzato.
4. Cuoci per circa 40 minuti. Quando la frittata si è completamente rappresa e inizia a gonfiarsi, spegni tutto.
5. Puoi servire questo piatto caldo o freddo dopo averlo tagliato a spicchi. In frigo durerà 3-4 giorni.

5.30 Uova e Patatine Salutari

Cottura: *1 ora*   Porzioni: *4*   Difficoltà: *Media*

Ingredienti

- 1 cucchiaio di olio d'oliva
- 2 scalogni a fette
- 2 cucchiaini di origano, foglie secche tritate o fresche
- 200 g di funghi piccoli
- 4 uova
- 500 g di patate tagliate a dadini

Passi

1. Preriscalda il forno a 180°/200° C.
2. Posiziona le patate e lo scalogno in una grande padella antiaderente ed irrora con olio. Condisci con origano e mescola bene.

3. Inforna per 40-45 minuti fino a quando le patate iniziano a rosolarsi, quindi aggiungi i funghi e cuoci per altri 10 minuti, o fino a completa doratura.
4. Pratica 4 fori nella purea di patate, quindi inserisci le uova in ciascun foro.
5. Rimetti la teglia con le uova in forno per altri 3-4 minuti, o finché le uova non saranno fritte secondo i tuoi gusti.

5.31 Uova al forno con pomodoro e spinaci

Cottura: *15 minuti*   Porzioni: *4*   Difficoltà: *Facile*

Ingredienti

- 1 Lattina di pomodori pelati da 400 g
- 4 uova
- 1 busta di spinaci da 100 gg
- 1 cucchiaino di scaglie peperoncino

Passi

1. Scalda il forno ventilato a 200°/180°.
2. Metti gli spinaci in uno scolapasta, quindi versaci sopra una pentola di acqua bollente per far appassire le foglie.
3. Spremi l'acqua in eccesso e dividi in 4 piccole pirofile da forno.
4. Mescola i pomodori con i fiocchi di peperoncino e un po' di condimento, quindi aggiungi ai piatti con gli spinaci.
5. Fai un piccolo buco al centro di ciascuno e rompici dentro un uovo.

6. Cuoci per 12-15 minuti o più a seconda di come ti piacciono le uova e servi con crostini di pane.

5.32 Porridge ai Mirtilli

Cottura: *5 minuti*   Porzioni: *2*   Difficoltà: *Facile*

Ingredienti

- Yogurt 0% grasso
- ½ confezione da 350 g di mirtilli surgelati
- 1 cucchiaio di porridge d'avena
- 1 cucchiaino di miele

Passi

1. In una padella antiaderente, mescola l'avena in 400 ml di acqua e cuoci, mescolando regolarmente, per circa 2 minuti, finché non si addensa.
2. Togli la padella dal fuoco e manteca con un quarto dello yogurt.
3. Nel frattempo, fai bollire dolcemente i mirtilli in una padella con 2 cucchiaini di acqua e lo zucchero finché non si saranno scongelati e saranno morbidi ma manterranno ancora la loro forma.
4. Dividi il Porridge in coppette, copri con lo yogurt rimasto e cospargici sopra i mirtilli.

5.33 Mostarda di barbabietole e Insalata di Lenticchie

Cottura: *20 minuti*   Porzioni: *6*   Difficoltà: *Facile*

Ingredienti

- 1 grossa manciata di dragoncello, tritato grossolanamente
- 1 confezione da 300 g di barbabietola cotta (non sott'aceto) affettata
- 1 ½ cucchiaio di olio extravergine di oliva
- 1 cucchiaio di senape integrale o in alternativa senza glutine
- 200 g di lenticchie puy o 2 confezioni da 250 g di lenticchie precotte

Passi

1. Se non stai usando le lenticchie precotte, cuocile secondo le indicazioni sulla confezione, poi scola e fai raffreddare in una terrina.
2. Nel frattempo, prepara un condimento con senape, olio e dragoncello.
3. Versa il condimento sulle lenticchie e mescola bene.
4. Servi con le barbabietole, il dragoncello e un pizzico di sale e pepe.

5.34 Tortilla con Patate e Paprika

Cottura: *25 minuti*   Porzioni: *4*   Difficoltà: *Facile*

Ingredienti

- 6 uova grandi
- 3 cucchiai di olio d' oliva
- 250g di patate tagliate a fette spesse
- 2 spicchi d'aglio tritati
- 1 cipolla piccola tagliata a metà e affettata
- ½ cucchiaino di paprika affumicata
- ½ cucchiaino di origano secco o 3 cucchiai di prezzemolo tritato. Se lo desideri conserva qualche foglia in più per la guarnizione.

Passi

1. In una padella antiaderente profonda 20 centimetri, riscalda l'olio.
2. Cuoci le patate, la cipolla e l'aglio per circa 10 minuti o finché diventano tenere.
3. Mescola la paprika e cuoci per un altro minuto.
4. Condisci le uova con le erbe aromatiche essiccate o fresche, quindi versarle nella padella.
5. Quando l'uovo incomincia a rapprendersi sul fondo della padella, mescola un po' di volte, poi copri e fai cuocere dolcemente a fuoco lento.
6. Fai andare a fiamma bassa per 10 minuti finché non si solidifica.

7. Ora disponi con cura la tortilla su un piatto e girala ritrasferendola con la parte superiore sul fondo nella padella e cuoci per altri 1 o 2 minuti. Copri con un coperchio.

8. Servi caldo o freddo guarnendo se lo desideri con un pizzico prezzemolo.

5.35 Spinaci alla Soia

Cottura: *10 minuti*   Porzioni: *4*   Difficoltà: *Facile*

Ingredienti

- 1 spicchio d' aglio
- 1 busta di spinaci
- 2 cucchiai di salsa di soia
- 1 cucchiaio di olio vegetale
- 1 cucchiaio di semi di sesamo tostati

Passi

1. In una padella antiaderente, riscalda l'olio e fai rosolare l'aglio per qualche secondo.

2. Aggiungi gli spinaci e cuoci per 2 minuti, mescolando continuamente.

3. Versa la soia, mescola e spolvera con i semi di sesamo. Ottimo come accompagnamento per pollo o grigliate.

5.36 Ramon al Sesamo

Cottura: *15 minuti*   Porzioni: 1   Difficoltà: *Facile*

Ingredienti

- 1 Confezione di spaghetti istantanei al sesamo
- 1 uovo
- 2 cipollotti tritati finemente
- ½ pak choi
- 1 cucchiaino di semi di sesamo
- salsa di peperoncino

Passi

1. Cuoci gli spaghetti insieme ai suoi aromi e quando manca 1 minuto alla fine della cottura, aggiungi i cipollotti e il pak choi.
2. Sobbolli l'uovo per circa 6 minuti dal bollore e ferma la cottura passandolo sotto l'acqua fredda, quindi sguscialo.
3. Tosta i semi di sesamo in una padella.
4. Versa spaghetti con i cipollotti e il pak choi in una ciotola profonda, taglia a metà l'uovo sodo e adagialo sopra gli spaghetti.
5. Cospargi il tutto con i semi di sesamo e condisci con la salsa di peperoncino.

Non Scordarti il mio Regalo!!!

Ancora una volta ti ringrazio per aver acquistato il libro. Se hai letto il libro fino a questo punto, sono sicura che avrai apprezzato i consigli che ho voluto condividere con te, quindi ti sarei grata se volessi condividere anche tu il tuo apprezzamento.

Lascia una recensione 5 stelle:

★ ★ ★ ★ ★

Ti chiedo una recensione onesta e veritiera.

In questo modo puoi aiutare altre donne a scegliere questo libro e ad intraprendere il *Digiuno Intermittente*.

Molte grazie!

Scarica subito il
"Piano Settimanale di Digiuno Intermittente"

bit.ly/pianodigiuno

Bibliografia

Intermittent fasting for beginners, 2021, www.dietdoctor.com

Intermittent fasting:surprising update, 2018, www.health.harvard.edu

What's intermittent fasting? The science behind it, 2020, www.zmescience.com

Anti-aging Benefits of Intermittent Fasting, 2016, neurohacker.com

Study: Intermittent Fasting Works to Lose Weight AND Slow the Aging Process, 2020, thebeet.com

The Beginner's Guide to Intermittent Fasting, jamesclear.com

Intermittent Fasting: What is it, and how does it work?, www.hopkinsmedicine.org

What You Need To Know About Intermittent Fasting, 2021, betterme.world

6 Popular Ways to Do Intermittent Fasting, www.healthline.com

20 Best Foods to Eat While Intermittent Fasting, 2020, www.eatthis.com

Intermittent Fasting Meal Plan: Here's Exactly When & What To Eat, 2020, www.mindbodygreen.com

A Complete Guide To Intermittent Fasting + Daily Plan & Schedule, 2020, 21dayhero.com

Pros and Cons of Intermittent Fasting, 2020, www.verywellfit.com

7 common Intermittent Fasting Miths, debunked, www.humnutrition.com

Intermittent Fasting? Here's How To Exercise Safely & Effectively, 2020, www.mindbodygreen.com

6 Things to Know About Intermittent Fasting and Working Out, www.atkins.com

9 Intermittent Fasting Mistakes Beginners Make (And How To Avoid Them!), www.asweetpeachef.com

You're Probably Doing Intermittent Fasting the Wrong Way—Here's Why, 2019, www.cookinglight.com

www.bbcgoodfood.com

Lightning Source UK Ltd.
Milton Keynes UK
UKHW021140120821
388748UK00011B/730